O MÉTODO BIRKMAN

Sua personalidade no trabalho

SHARON BIRKMAN FINK
Presidente & CEO da Birkman International

STEPHANIE CAPPARELL
Coautora do best-seller *Shackleton's Way*

Publisher
Henrique José Branco Brazão Farinha
Editora
Cláudia Elissa Rondelli
Tradução
Cristina Sant'Anna
Preparação de texto
Gabriele Fernandes
Revisão
Nestor Turano Jr.
Hamilton Fernandes
Diagramação
Daniele Gama
Capa
Daniele Gama
Impressão
BMF

Copyright ©2018 by Editora Évora Ltda
Copyright ©2013 by John Wiley & Sons.
Todos os direitos reservados. Nenhuma parte deste livro pode ser traduzida ou transmitida em nenhuma forma ou meio eletrônico ou mecânico, incluindo fotocópia, gravação ou por qualquer sistema de armazenagem e recuperação sem permissão por escrito da editora.
Rua Sergipe, 401 – Cj. 1.310 – Consolação
São Paulo – SP – CEP 01243-906
Telefone: (11) 3562-7814/3562-7815
Site: www.evora.com.br
E-mail: contato@editoraevora.com.br

DADOS INTERNACIONAIS DE CATALOGAÇÃO NA PUBLICAÇÃO (CIP) DE ACORDO COM ISBD

F499m   Fink, Sharon Birkman

O Método Birkman : sua personalidade no trabalho / Sharon Birkman Fink, Stephanie Capparell ; traduzido por Cristina Sant'Anna. - São Paulo : Évora, 2018.
192 p. ; 16cm x 23cm.

Tradução de: The Birkman Method: Your Personality at Work
ISBN: 978-85-63993-97-7

1. Administração. 2. Trabalho. 3. Personalidade. 4. Método Birkman. I. Capparell, Stephanie. II. Sant'Anna, Cristina. II. Título.

2018-623   CDD 658.311
                                                            CDU 658.3

Elaborado por Vagner Rodolfo da Silva - CRB-8/9410

Índice para catálogo sistemático:
1. Administração : Trabalho 658.311
2. Administração : Trabalho 658.3

Dedicatória

Para Roger W. Birkman, um homem de visão, cujo genuíno amor pelas pessoas o inspirou a investir uma vida inteira no aperfeiçoamento de um método para cada um de nós descobrir o próprio potencial e trabalhar juntos em harmonia.

AGRADECIMENTOS

Nós oferecemos nosso agradecimento mais genuíno ao nosso agente, Giles Anderson, que começou esse livro ao nos procurar com uma ideia, e também a Karen Murphy, nossa editora na Jossey-Bass, que nos deu orientações especializadas e nos abriu as portas do lar ideal para um livro da Birkman.

Nossa profunda gratidão aos consultores da Birkman que nos enviaram histórias para o livro e também a todos os colegas da companhia cujo trabalho tem aprimorado a vida e o ambiente profissional de tantas pessoas ao longo dos anos e em todas as partes do mundo.

Apresentação à edição brasileira

Desde que comecei a atuar com desenvolvimento de pessoas, têm me chamado a atenção as diferentes expectativas de meus clientes. Se, por um lado, as organizações procuram o profissional ideal para ocupar determinados cargos, por outro, os profissionais desejam oportunidades em que possam ser bem-sucedidos e felizes com o trabalho.

Este sempre foi um desafio bastante complicado devido à escassez de informações relevantes sobre o assunto, até que em 2006 conheci o Método Birkman. Atualmente, como consultor na Fellipelli, entre outras atribuições, sou responsável por certificar pessoas no Brasil para a utilização do método. Curiosamente, o que mais me impressionou foi a análise de meu próprio relatório após ser submetido à avaliação. Essa experiência mudou a percepção sobre minha própria carreira e, sem nenhum exagero, mudou minha perspectiva sobre a vida. Mas não quero propor uma análise apoiada especificamente em meus resultados. Prefiro discutir sobre a riqueza de informações, a coerência entre os resultados e a infinidade de conclusões úteis que podem ser utilizadas para nosso crescimento pessoal ou para a realização dos mais variados trabalhos de consultoria e desenvolvimento. Gostaria de compartilhar, de forma breve, um pouco da minha experiência de como o Método Birkman me ajudou a lidar com esse desafio. Talvez seja mais útil do que interessante

Estudos recentes revelam que pessoas felizes são aquelas que fazem algo que lhes traz satisfação. Aqui vale a pena analisar com cuidado esta afirmação: a busca pela felicidade é algo inerente ao ser humano, portanto todos nós temos esse anseio; uma segunda observação: felizes são aqueles que *fazem* algo... Deduz-se, então, que não é possível ser feliz na inação.

Deste modo, o trabalho ganha destaque na vida das pessoas e revela ser algo importantíssimo.

Nessa perspectiva, o Método Birkman mostra-se extremamente útil: identifica, de forma precisa, áreas de interesses que, em muitos casos, mal nos damos conta de que são verdadeiras vocações. Lembro-me do prazer que tinha em ensinar meus colegas de escola, quando tinha sete, oito anos de idade. Esse interesse permanece até hoje, pois meu trabalho pode se resumir em ensinar. Lembro-me também de ter entrevistado cinco pilotos de avião em um processo seletivo e de ter ouvido de um deles uma frase que resumia o sentimento que ele e os demais candidatos tinham em comum: "Eu, desde muito pequeno, sempre soube que queria pilotar... não sabia bem o quê, mas que ia ser piloto de alguma coisa, isso eu já sabia".

Outra rica experiência foi quando realizei a avaliação de um profissional utilizando o Método Birkman, a pedido de um executivo da área financeira, mais precisamente da previdência privada: tratava-se de um candidato interno que havia sido promovido, mas que estava apresentando dificuldades com a nova função. O avaliado, como tantos outros, ficou impressionado com o grau de precisão e riqueza de detalhes que o relatório revelou seus interesses, comportamentos praticados e suas preferências em relação a qual ambiente se sentia mais produtivo. No entanto, quando falei com seu líder, este revelou sua decepção pela queda de rendimento daquele que acreditava ser seu potencial sucessor. Foi então que ficou surpreso ao conversarmos sobre as necessidades motivacionais do profissional avaliado. Na antiga função, ele estava acostumado a trabalhar em um ambiente estruturado, com processos definidos e com atividades cotidianas e relativamente previsíveis; em suma, sabia exatamente o que tinha que fazer. Como novo gerente da área, tinha agora o papel de desafiar sua equipe e pensar em novas abordagens, propondo soluções inovadoras e orientadas para o longo prazo. Se ele era capaz de fazer isso? Sim, como especialista sempre demonstrou tal capacidade. Mas o que deu errado, então? Suas necessidades motivacionais não foram atendidas – ele tinha total autonomia. Na medida em que seu líder passou a direcionar suas ações, apontando suas expectativas sobre aquilo que deveria ser feito, os resultados começaram a aparecer.

Esse caso me lembra de outra aplicação para o método. Atendendo o comitê executivo de uma empresa líder de mercado, identificamos um distanciamento muito grande entre os diretores, causado por uma série de interpretações inadequadas que cada um fazia sobre as intenções do outro. Realizamos encontros um a um, nos quais explicávamos, por meio dos resultados do Birkman, como o comportamento de um costumava ser interpretado pelo outro em razão de suas expectativas e necessidades serem diferentes. Um trabalho relativamente simples, mas que apresentou um resultado muito superior ao que imaginávamos.

Temos algumas crenças que são comuns para a maioria das pessoas: muitas vezes acreditamos que nossa forma de agir é a correta ou que a forma como uma pessoa age é a forma como gostaria de ser tratada. Estamos duplamente errados.

Permita-me, nesse ponto, trazer uma perspectiva mais técnica. Ao tratarmos de comportamento, estamos nos referindo a um repertório de ações praticadas durante muitos anos e que, de alguma forma, foram selecionadas por nosso cérebro como algo que deu certo. Sabe aquela sensação de que fizemos algo que não deu certo? E aquela sensação de prazer quando nossas ações trazem bons resultados? Pois essa é a forma de nosso cérebro nos mostrar como devemos agir; podemos, portanto, entender a questão da seguinte forma: nossos comportamentos são moldados por nosso cérebro. E é este o ponto. Aprendemos a agir de uma forma que traga bons resultados dentro de um contexto, mas nem sempre nossos comportamentos refletem nossas reais necessidades, nosso "eu verdadeiro".

Há uma expectativa exagerada e equivocada de que um bom profissional consiga reunir de modo excelente combinações comportamentais que se adaptam a maioria das situações. A expectativa deveria ser não em relação aos comportamentos, mas às necessidades motivacionais dessas pessoas. Apresentar um repertório comportamental que combine com esta ou aquela função é importante, mas insuficiente. É preciso investigar o que uma pessoa gosta de fazer e em quais situações consegue apresentar o que tem de melhor.

Tenho um pensamento que tem se reforçado a cada dia: as pessoas mais felizes e bem-sucedidas que conheço geralmente apresentam um elevado nível de autoconhecimento. Sabem o que querem. Trabalham com um propósito na vida. Suas ações possuem significado. São verdadeiros protagonistas. Por essa razão, tenho reforçado em palestras e treinamentos que nosso repertório comportamental não é responsável por nosso sucesso, mas sim pelo que fazemos com ele.

Independentemente de qual será a utilização desse aprendizado sobre o Método Birkman, posso afirmar que, no mínimo, vai ajudar você e seus clientes a serem capazes de entender melhor o mundo e a escolher qual papel desejam exercer nele; ou, em outras palavras, vai ajudá-los a ser protagonistas!

CRISTIANO AMORIM
Trabalhou com marketing (comunicação visual) e TI. Nos últimos 12 anos, tem direcionado sua carreira para o desenvolvimento de pessoas, trabalhando em consultorias como Right Management e Fellipelli, empresa na qual atualmente é consultor. É certificado e responsável pelo curso de certificação para utilização do Método Birkman no Brasil – *assessment* multidimensional de perfil comportamental e motivacional.

Prefácio

Compreender, atrair e reter as pessoas é com frequência citado como o desafio número 1 das empresas, e a principal pergunta que os líderes se fazem é essa: como nós contratamos, gerenciamos e retemos nossos talentos? Embora administrar um negócio seja difícil, a gestão de pessoas é ainda mais complexa.

É por essa razão que as pessoas buscam a avaliação de personalidade Birkman: para melhorar suas vidas e os relacionamentos profissionais com aqueles colegas mais próximos. Por mais de seis décadas, milhões de indivíduos já utilizaram nossa ferramenta de psicologia positiva[1] em mais de 50 países e nossa lista de clientes expandiu-se, passando a incluir as 500 maiores empresas da *Fortune*, grupos não lucrativos, educacionais e organizações religiosas, pequenos negócios, casais e famílias. Como presidente da Birkman, eu recebo diariamente e-mails de consultores em todo o mundo e também de todos os Estados Unidos.

A história do Método Birkman começou com a história do meu pai, Roger Birkman. Sendo o filho tímido e introspectivo de um pastor luterano, ele sempre foi fascinado pelas pessoas e um observador perspicaz. Durante a Segunda Guerra Mundial, quando foi piloto de um avião bombardeiro B-17, viu o poder das percepções amplas e o impacto dos diferentes estilos de agir sobre as pessoas e seus comportamentos.

Retornando da guerra, ele foi arrastado para o efervescente campo da psicologia social. Juntamente com figuras como Benjamin Fruchter, Warren Bennis e Abraham Maslow, meu pai foi um dos pioneiros ao levar a psicologia para o ambiente de trabalho, um conceito novo e radical para a época. Ele desenvolveu o Método Birkman fazendo perguntas a diversos

---

[1] **Psicologia positiva** - movimento que, em vez de dar foco aos fatores de desequilíbrio e às doenças mentais, busca identificar e promover os aspectos positivos individuais direcionados à sanidade, bem-estar e felicidade. Em *Positive Psychology - An Introduction*, de Martin Seligman e Mihaly Csikszentmihalyi em *American Psychologist*, janeiro de 2000. (N.T.)

trabalhadores sobre eles mesmos e sobre como trabalhavam. Essas entrevistas com pessoas em seus ambientes de trabalho – de vendedores e motoristas de caminhão a zeladores e altos executivos – formaram a base para seu questionário de psicologia positiva, inicialmente chamado de "Teste de Compreensão Social".

Por volta de 1960, meu pai, que sempre adorou a tecnologia, colocou os dados resultantes das respostas a seu questionário em um computador *mainframe* da IBM. Esses dados possibilitaram que ele passasse a olhar para o ambiente de trabalho global, acompanhando mudanças geracionais e também tendências comportamentais. E, mais importante, essas informações demonstram como individualmente cada funcionário se molda à cultura corporativa e se adapta a um esquema maior.

Mas meu pai não realizou tudo isso sozinho. Logo depois de voltar da guerra em 1944, ele teve a sorte de conhecer em um piquenique da Veterans Administration uma jovem mulher que atuava na Women's Army Corps. Desde o início, Margaret Sue Leath compartilhou a paixão por compreender as pessoas e a missão que o levava adiante. Eles casaram no ano seguinte e trabalharam juntos até a morte dela em 2007.

Minhas memórias de infância incluem sentar noite após noite na mesa de jantar e ouvir meus pais conversarem sobre o trabalho deles. Aperfeiçoar a avaliação Birkman foi o sonho e a paixão que os consumiu. Toda noite meu pai enfrentava pilhas de cartões de respostas preenchidos com números e frases em busca de padrões de comportamento nos testes realizados durante o dia. Com frequência, ele discutia suas ideias e resultados com minha mãe. Não me lembro de ouvi-los conversar sobre muitos outros assuntos. Em uma época em que poucas mães trabalhavam fora de casa, a minha começou a auxiliar meu pai em tempo integral nas pesquisas Birkman, e eu fui colocada na creche com dois anos de idade. Como a diretora da escolinha era uma cantora que amava música, ela me levou para participar de uma audição (bem-sucedida!) para o papel da criança em *Madame Butterfly* no Grand Opera de Houston. Dessa experiência aos cinco anos, eu desenvolvi um amor vital pela música, como ocorreu com minha mãe violinista, o que me levou à minha primeira carreira: eu cantava e trabalhava em óperas e em musicais de teatro. A partir disso, grande parte de minha vida ficou focada na música e na educação dos meus três filhos.

Como meus pais viviam e respiravam o trabalho na Birkman, minha irmã e eu sempre estivemos próximas do negócio da família. Minha carreira dupla na música e no Método Birkman sempre esteve entrelaçada desde o início, e eu amo essas duas facetas. Na verdade, a direção de palco e o ensino de canto deram-me a chance de praticar a formação de equipes e o treino de habilidades que a avaliação Birkman encoraja. Apenas uma voz desafinada pode arruinar uma cena e um gesto fora de sincronia destruir uma equipe ou sabotar uma produção inteira.

Em 2001, eu estava pronta para levar adiante a tocha dos meus pais, e nós começamos a planejar a transição de liderança. Eu me tornei presidente em 2002 e, na década seguinte, crescemos 60%, ou seja, cerca de 1 milhão de avaliações foram adicionadas ao nosso banco de dados; o faturamento aumentou cerca de 40% e o número de países com consultores certificados pela Birkman mais do que dobrou. Nós treinamos centenas de consultores entre clientes corporativos e profissionais independentes. Nesse período, também expandimos nosso departamento de pesquisa, incluindo psicométricas que nos possibilitaram atualizar nossos relatórios de carreira e desenvolver uma nova avaliação cognitiva abrangente – o Inventário de Habilidades Birkman. Em 2010, recebemos o prêmio Texas Family Business da Faculdade de Administração da Universidade Baylor e temos continuado a crescer a uma taxa saudável ano após ano.

Entendo hoje o valor duradouro do que meus pais começaram a construir há mais de 60 anos. Embora tenha levado uma vida de esforço e investimento para aperfeiçoá-la, meus pais acreditaram desde o início que tinham em mãos uma excelente ferramenta de mensuração de expectativas sociais, autopercepções, interesses e comportamentos estressantes, que podia ser utilizada em favor dos indivíduos e das organizações. Meu objetivo é dar continuidade ao legado deles e, acima de tudo, testemunhar os benefícios que ocorrem quando as pessoas substituem a defesa pela apreciação e a confusão pela compreensão.

Meu tataravô chegou ao Texas da Alemanha em 1850 com nosso nome de família, Birkmann, que se traduz por "o homem das bétulas".[2] Essa árvore prospera só se estiver plantada próxima a outras do mesmo gênero; assim como todos nós, ela não floresce criada em isolamento. O Método Birkman funciona porque olha para o potencial de cada indivíduo *quando se relaciona* com os outros – seja de um para outro ou entre uma pessoa e uma equipe –, ajudando a identificar as necessidades intrínsecas poderosas e os pontos fortes que modelam nosso desempenho e nossa satisfação no trabalho.

Março de 2013
Sharon Birkman Fink
Houston, Texas

---

2 **Bétula ou vidoeiro** - árvore das regiões árticas e temperadas cuja madeira dura e branca é usada como lenha, e a seiva transformada em açúcar ou em uma bebida alcoólica. (N.T.)

Prefácio à edição brasileira

O Método Birkman é, entre os instrumentos de diagnóstico de autorrelato, o único que compreende a estrutura e a dinâmica da personalidade baseado na própria percepção e na percepção alheia. Ou seja, estamos falando de *self assessment*. Uma das mais importantes descobertas foi como identificar expectativas (necessidades) e como supri-las, ou como a não satisfação destas necessidades pode nos levar a apresentar comportamentos precipitados ou atitudes não produtivas. Ele também compara a perspectiva da própria pessoa com a perspectiva de uma base global, o que nos ajuda a compreender uma visão do mundo social das pessoas.

O Birkman, portanto, é um método integrado por meio do qual obtemos escalas de interesses profissionais, expectativas, comportamento usual dos indivíduos e o comportamento sob estresse. O método baseia-se em percepções, em como vemos os acontecimentos. A verdade não é única, mas como nós a percebemos.

A forma de enxergar a si próprio e os outros impacta nosso comportamento, especialmente quando experimentamos o estresse. Quando não existe consciência de quem somos ou como funcionamos, não pode haver mudança e os resultados serão sempre os mesmos.

O ser humano é essencialmente social e relacional, e no ambiente corporativo naturalmente é preciso interagir para gerenciar, crescer e obter resultados, tendo sempre em mente que os relacionamentos são as maiores causas de tensão dentro do ambiente de trabalho.

O Método Birkman pode ser usado para compreender o quanto o estresse é manifestado pelas diferenças individuais de percepção. Com o relatório, você poderá saber definitivamente como ajudar os outros a reconhecer seus estressores, identificar quais comportamentos ocorrem sob tensão e, o mais importante, prover alternativas de comportamento para satisfazer as necessidades de cada um.

Neste livro você encontrará também análises sobre os componentes relacionais e sobre nossa vida cotidiana dentro e fora das organizações.

ADRIANA FELLIPELLI
Diretora-geral da Fellipelli. É formada em psicologia, tem especialização em psicanálise e pós-graduação em marketing de serviços. Em 1988, Adriana foi uma das fundadoras da consultoria de Recursos Humanos Saad-Fellipelli, empresa especializada em *outplacement* e desenvolvimento organizacional que foi adquirida pela Right Management em 2000. Foi responsável pelos departamentos de consultoria organizacional, vendas, marketing e comunicação da Right Management do Brasil até 2007. Possui mais de 20 anos de experiência profissional, e já orientou e ajudou a desenvolver a carreira de mais de 3 000 profissionais em diversas áreas funcionais, como vendas, finanças, TI, engenharia, logística, comunicação, manufatura, marketing, jurídica, contabilidade e médica.

Sumário

Introdução 1

Capítulo 1 – Você está aqui! Conhecendo o Birkman **11**

Capítulo 2 – Identificando seus pontos fortes **21**

Capítulo 3 – Os Componentes: 11 marcadores de personalidade **51**

Capítulo 4 – Sua zona de conforto na comunicação:
Estima e Aceitação **63**

Capítulo 5 – A força do processo: Estrutura **77**

Capítulo 6 – Você é chefe ou apenas mandão? Autoridade **91**

Capítulo 7 – Você entrou para ganhar? Vantagem e Atividade **107**

Capítulo 8 – Como suas emoções podem ajudar ou prejudicar
uma decisão: Empatia e Reflexão **119**

Capítulo 9 – Você é um dissidente frustrado no trabalho? Liberdade e
Mudança **139**

Capítulo 10 – Visão grande-angular: Desafio **151**

Epílogo – As pessoas mudam? **163**
Entrevistados **167**
Sobre a Birkman International **173**

Introdução

Todos nós temos pontos fortes, todos nós temos paixões e temos algo que nos motiva ao sucesso. E todos nós temos um estilo particular de trabalhar que define nosso caminho para aquele sucesso. Sendo assim, todos temos valor – uma contribuição a dar ao ambiente de trabalho, à família e à comunidade.

Essa compreensão é a essência do Método Birkman, uma avaliação profissional estruturada para identificar e otimizar seu potencial individual, que ensina como conquistar uma autoconsciência saudável e como se encaixar no quadro mais amplo da sociedade. Assim que conquistar essa perspectiva, você será capaz de identificar melhor seus pontos fortes e fazer com que os outros respeitem suas necessidades, além de ajudá-lo a reconhecer também os atributos de seus colegas e associados mais próximos.

Em todo ambiente de trabalho, o sucesso depende das pessoas que fazem parte dele e das relações que mantêm entre si. Os negócios ocorrem como resultado das conexões saudáveis que você mantém com colegas, chefes, funcionários da equipe e com o público – e também com o grau de conforto que sente em relação ao ambiente físico e emocional do trabalho. Na busca para encontrar a chave desses relacionamentos produtivos, construiu-se uma mitologia em torno do ambiente de trabalho: a noção de que certas personalidades combinam melhor em determinados setores; de que cada profissão requer um conjunto restrito de habilidades; e que existem qualidades ideais para ocupar posições de liderança.

O Birkman, como nos referimos ao nosso método, desmente essas concepções equivocadas pessoa por pessoa. Em vez da mitologia, oferece um meio pragmático para lidar objetivamente com todos os tipos de personalidade sob todos os aspectos do trabalho. O método pode lhe dar dicas concretas sobre os diversos aspectos de sua vida profissional desde aquela parte especial sobre como falar sobre si mesmo em uma entrevista de emprego até sugestões para seu chefe sobre como capacitar você de acordo com os resultados de seu perfil. A avaliação não mensura graus de competência, caráter ou experiência, mas revela o que incentiva e como tornar mais eficiente o uso de todos esses atributos. Afinal, você não precisa ser um grande artista para apreciar a boa arte. Um negócio no setor artístico precisa de um contador, uma empresa de engenharia necessita vender seus produtos, um conglomerado na área petrolífera tem que contar com um especialista em recursos humanos e todos os empreendimentos devem empregar estrategistas e planejadores competentes. Mas essas diversas necessidades nem sempre são visíveis para todos nesses negócios.

O Birkman é a única ferramenta de avaliação que vai além da autodescrição de comportamentos para revelar as motivações intrínsecas que inspiram e direcionam sua vida profissional. A avaliação começa por um teste de múltipla escolha que traça um rico perfil em camadas de seus interesses e necessidades. Isso destaca os aspectos vitais de sua personalidade como seu relacionamento com a autoridade, sua resposta a incentivos e a habilidade de lidar com as mudanças. E, tão importante quanto os outros pontos, o método sinaliza os gatilhos do estresse que arruinam seus melhores esforços. Finalmente, combina todos esses fatores em um contexto claro sobre sua visão de mundo.

Roger W. Birkman, criador da ferramenta Birkman e pioneiro no campo da psicologia organizacional, dizia: "A realidade é que na vida suas percepções – certas ou erradas – influenciam tudo o que você faz. Ao conquistar uma perspectiva adequada de suas percepções, talvez você fique surpreso como tantos outros aspectos começam a entrar no lugar".[1]

Os leitores que compram *O Método Birkman* têm acesso a uma avaliação Birkman gratuita no site http://www.birkman.com/book[2] e pode fazê-la e submetê-la à Birkman International, em Houston (Texas). Há mais informações sobre esse ponto no Capítulo 1. Assim que seus resultados

---

[1] Roger Birkman, no livro *True Colors* (Houston: Birkman International, 1995).

[2] O material está disponível no site somente na versão em inglês. (N. E.)

forem processados, você receberá um breve perfil pessoal por e-mail. Não é necessário fazer antes a avaliação para aproveitar as valiosas lições sobre liderança, ambiente de trabalho e estilo de vida apresentadas nesse livro. Mas, certamente, ler o livro com suas próprias informações de perfil em mãos vai levar você a uma compreensão mais ampla.

Não existem respostas erradas na avaliação Birkman e nenhum traço do perfil ou preferência ocupacional é considerada inadequada ou em conflito com o ambiente produtivo. Ao contrário: o resultado de sua avaliação lhe dará perspectivas valiosas sobre o seu ambiente de trabalho e relacionamentos interpessoais.

O Birkman vai ajudar a revelar algumas verdades básicas sobre você mesmo, por exemplo:

- Como você aceita orientações ou a autoridade?
- Como você é ao se relacionar com pessoas ou grupos?
- Quais são suas necessidades mais básicas em relação à motivação e recompensa?

E, então, o método mergulha um pouco mais profundo:

- Gosta que falem com você da mesma maneira com que fala com os outros ou o seu estilo público é muito diferente das suas necessidades pessoais?
- Como realmente você se relaciona com as pessoas? Acha que é justo, mas, na verdade, é impaciente com as necessidades dos outros?
- Você pode ter pouco talento artístico, mas sente uma atração tão forte pelas artes que não poder apreciá-las já o deixa frustrado?
- Quão bem você reage às críticas?
- Como é em relação à autocrítica?

O objetivo é definir o ambiente de trabalho mais produtivo para você:

- O seu melhor desempenho ocorre em breves momentos de foco intenso ou quando se dá tempo para refletir melhor sobre todos os fatores?
- De quanta diversificação você precisa durante uma semana de trabalho?
- Você precisa contar com uma liderança forte ou é proativo?
- Você sabe que gosta de estar ao ar livre, mas como isso afeta sua conduta no escritório?

As respostas podem não ser o que você espera. É possível que descubra, por exemplo, que aprecia uma figura forte de autoridade, embora se considere proativo ou que, apesar de ser bastante sociável, precisa de um tempo considerável sozinho para recuperar as energias. A compreensão começa quando essas perguntas são feitas de maneira objetiva e não emocional. E pode ser ampliada quando outras pessoas do seu círculo participam da avaliação. O valor da ferramenta pode ser ainda maior se você se aconselhar com um consultor certificado, caso decida explorar ainda mais os usos do Birkman ao terminar de ler esse livro.

O perfil resultante do Birkman é tão precisamente focado que, aqueles que já repetiram o teste, mesmo décadas mais tarde, obtiveram resultados praticamente idênticos. Você imagina como suas respostas ao Birkman podem levar a conclusões tão precisas e abrangentes?

O doutor Birkman começou a lapidar sua ferramenta de avaliação na década de 1950. Nas décadas seguintes, foi desenvolvida até se tornar a mais sofisticada medida das necessidades motivacionais e interesses básicos de uma pessoa. Enquanto abordagens similares oferecem fotografias instantâneas dos tipos de funcionários, a análise do Birkman desvenda o DNA dos relacionamentos no ambiente de trabalho, a satisfação e realização no emprego. E como nas análises de DNA, o ponto forte é um amplo banco de dados que possibilita a comparação com outros participantes, situações e problemas. Em 2013, a Birkman International acumulou os resultados de três milhões de avaliações realizadas em todo o mundo. Nenhum outro método de avaliação similar conta com um banco de dados tão significativo.

Introdução

O Birkman é bem-traduzido – literalmente – em todo o mundo. A avaliação é oferecida em 22 línguas sob a orientação de 3 mil consultores internacionais. Aplicado em todas essas línguas, o método também tem sido utilizado como ponte para superar lacunas culturais em empresas e organizações multinacionais. Os clientes afirmam que ele é prático, fácil de entender e criterioso e que causa impacto positivo em suas vidas pessoal e profissional.

As pessoas tendem a ser boas naquilo que gostam de fazer e amam aquilo que sabem fazer melhor. Sendo assim, as melhores carreiras são construídas sobre a paixão dos interesses. Mas você tem uma ideia bem clara de seus interesses? Você sabe o que atrai seu interesse, mas já descobriu o que precisa para manter esse interesse durante uma longa carreira ou que passos simples você poderia dar para transformar seu ambiente de trabalho de frustrante em realizador?

Para o consultor certificado Todd A. Uterstaedt, de Cincinnati, o Método Birkman é uma ferramenta de *coaching* com uma missão mais ampla e importante: "Eu adoro mostrar para as pessoas que elas são mais do que a soma de suas limitações e da 'caixa' em que foram classificadas. O Birkman ajuda a fazer essa revelação de uma maneira amigável e não crítica".

A abordagem do Birkman está focada nas pessoas e pode ajudar você a navegar no amplo espectro de uma rica carreira, começando por sugerir seus possíveis trajetos profissionais. Quando você já está empregado, o método aponta como reduzir os conflitos e melhorar os relacionamentos, enquanto atende às próprias necessidades. Caso seja um funcionário júnior, a abordagem mostra como evitar o campo minado do ambiente de trabalho e alcançar o sucesso. Pode também responder por que um funcionário está em rota de colisão com outro (quase sempre, as diferenças de estilo de trabalho são erroneamente interpretadas como rupturas deliberadas). Além disso, é capaz de explicar porque um funcionário com um sólido histórico de conquistas, de repente, parece estar hesitante (talvez haja uma mudança no ambiente de trabalho imperceptível para uns e insuportável para outros). Ou por que uma equipe formada por pessoas talentosas parece não conseguir trabalhar em grupo (com frequência, as necessidades motivacionais de um indivíduo estão em conflito com os desejos do grupo).

Para executivos no topo da hierarquia, a avaliação apoia o desenvolvimento da liderança indicando os pontos fortes e expondo os comportamentos improdutivos. O método ajuda os gestores a enxergarem as necessidades desencontradas de seus muitos subordinados. Tem sido usado, por isso, também para traçar estratégias para as mais desafiadoras negociações. Os resultados também ajudam a integrar times pelo mapeamento das diversidades de necessidades no grupo. E talvez o mais importante: promove a diversidade no sentido mais amplo da palavra, identificando as valiosas contribuições de todas as pessoas que trabalham juntas. Ao final do processo, a empresa terá conquistado mais harmonia produtiva no trabalho, incentivada por líderes mais inspiradores e com metas individuais mais elevadas.

Neste livro, compartilhamos histórias de consultores e clientes, protegendo a privacidade de algumas pessoas sempre que apropriado. Os leitores vão reconhecer a si mesmos, a seus colegas e gestores em dezenas de exemplos de solução de problemas, que vão desde ajudar uma das maiores empresas do mundo a mitigar relacionamentos disfuncionais até mostrar a empreendedores de pequenos negócios como evitar desperdício de dinheiro com erros de seleção. Também são apresentados estudos de caso e anedotas relacionadas à questão em discussão no final de cada capítulo, após a seção "O método em ação".

Você vai conhecer a executiva que conseguiu um contrato governamental recordista depois de usar o Birkman para criar uma equipe de projeto para liderar a proposta enviada à concorrência pública com rivais de categoria internacional. Em outra companhia multinacional, um consultor da Birkman ajudou um veterano executivo a perceber que o estilo de liderança que o levou a conquistar um considerável sucesso não estava mais funcionando como naquele tempo em que ele tinha ideias mais vanguardistas. Outro de nossos consultores obteve um sucesso tão rápido e dramático na negociação de um contrato de trabalho para um sindicato de companhia aérea que a empresa o pediu emprestado para apoiar as atividades de planejamento estratégico.

O Birkman tem sido usado até mesmo na etapa final de carreiras para ajudar a traçar um estilo de vida na aposentadoria. É adotado por orientadores de vida, conselheiros de casais, grupos religiosos, conselheiros familiares e organizações cívicas, incluindo um programa de reabilitação de detentos. Mais recentemente, o método tem sido aplicado em estudantes do ensino médio, faculdade, pós-graduação, MBA executivo e todo tipo de cursos com inscrições abertas, além de programas profissionais de um grande número de instituições de ensino, entre elas, a Harvard Business School.

Não é de se admirar, portanto, que os clientes corporativos também tenham pedido para levarmos o Birkman para dentro de suas casas. Um executivo contou que, depois de receber o feedback do Birkman, levou seu relatório para casa e disse para a esposa: "Esse é o meu Manual do Proprietário."

O começo do Birkman

Por que os testes de personalidade como o Birkman tornaram-se tão integrados à cultura corporativa? E por que tantos líderes empresariais continuam tão empolgados com a importância dessa e de outras ferramentas de treinamento? A General Electric, por exemplo, investe US$ 1 bilhão por ano em programas de treinamento e desenvolvimento de seus funcionários em todo o mundo. O website da empresa afirma: "Os resultados podem ser mensurados na crescente capacidade de liderança de nossos funcionários e, em última instância, pelo valor e oportunidade gerados para nossos clientes e suas comunidades".

Essas avaliações nasceram sob o idealismo do período pós-Segunda Guerra Mundial, quando o governo, a academia e as empresas dos Estados Unidos trabalhavam juntas para reconstruir o país e torná-lo um lugar melhor e mais inclusivo. Milhares de veteranos norte-americanos estavam sendo reintegrados à sociedade e cursavam a faculdade em um programa público especialmente criado para eles.[3] As companhias em processo de expansão e modernização tinham uma necessidade crítica de novos talentos.

A tarefa enfrentada pelos cientistas sociais após a guerra era ao mesmo tempo excitante e assustadora. Eles tinham que remodelar toda a força de trabalho norte-americana e deviam fazer isso de modo a promover o avanço da sociedade e do comércio. "O início da década de 1950 logo

---

[3] Trata-se do GI Bill, ato de reajustamento dos militares de 1944. Mais informações em: < http://www.borobarmy.com/a-historia-de-gi-bill.html>. Acesso em: 30 jun. 2014. (N. E.)

ficou estereotipada como a era dos zumbis de terno cinza de lá, mas foi realmente um período de enorme mudança social e otimismo, especialmente para a classe média emergente. Para os afortunados como eu, foi um momento absolutamente vertiginoso. Como cientistas sociais ou o que seriam cientistas sociais, nós acreditávamos ter as ferramentas para revelar os segredos do comportamento humano", escreveu Warren Bennis, professor de administração de negócios da Universidade da Carolina do Sul.[4] Doutor Birkman era um desses entusiastas pioneiros da psicologia organizacional. Depois da guerra, em que foi piloto de um avião B-17, ele fazia testes de aptidão nos veteranos para descobrir qual seria para cada um a melhor faculdade a seguir. "Eles queriam saber por onde recomeçar suas vidas", ele disse. Ao mesmo tempo, as empresas norte-americanas estavam diante do desafio de contratar um grupo massivo de trabalhadores mais diversificado, com mais poder de decisão e mais global do que o país jamais tivera.

Em Houston, doutor Birkman processava pilhas altíssimas de pastas de arquivo. Ele dizia aos veteranos para trabalharem com as mãos ou, de preferência, em algo que tivesse a ver com números e outras diretrizes simples, de acordo com as respostas dadas por eles a algumas perguntas. "Era um começo, mas um grande começo. O governo estava investindo uma fortuna para mandar os veteranos para a faculdade e o que eles tirariam de proveito disso?", ele conta.

Esses veteranos sentados diante dele com suas notáveis experiências de vida tinham histórias de liderança, valor, desafio, dor e sobrevivência. O potencial deles era enorme, importante e valioso. Os veteranos como o doutor Birkman, que estiveram na guerra pessoalmente, viram infinitos exemplos de como aquela pessoa, que você menos espera, cresce espetacularmente sob o fogo inimigo, e como o recruta mais mediano, depois de treinado, torna-se um bom líder. Ele estava determinado a fazer o melhor pelos veteranos com um teste e acompanhamento que fossem amplos, significativos e sistemáticos. A partir desse ponto, tinha uma visão clara de

---

[4] Warren Bennis no livro *Still Surprised: a Memoir of a life in leadership* (São Francisco: Jossey-Bass, 2010).

sua própria carreira futura: "Eu pensava, com certeza, que existia uma necessidade nessa área. As pessoas não ficam em uma boa posição por acaso".

O doutor Birkman começou, então, a desenvolver uma ferramenta de avaliação e, quando recebeu seu doutorado na Universidade do Texas em 1961, tinha quase 40 clientes gerados por seu trabalho acadêmico: "*Desenvolvimento de um Teste de Personalidade Utilizando Inventários Sociais e de Autopercepção*". O governo e os líderes empresariais abraçaram os esforços de acadêmicos como o doutor Birkman. Era, afinal de contas, um momento em que a ciência reinava absoluta. Doutor Birkman e seu grupo de homens – e um número considerável de mulheres para a época – embarcaram em seu idealismo. Conforme cresceram e se diversificaram, tornaram-se instrumentais nas décadas seguintes para a integração dos afro-americanos e, em seguida, das mulheres à força de trabalho em um grau mais alto de profissionalização.

Em 1967, doutor Birkman colocou fim ao trabalho estafante de preencher com lápis de cor o resultado dos testes e comprou um *mainframe* da IBM – o 1401 – para armazenar os dados. Esse movimento mostrou-se brilhante: até hoje nenhum teste de avaliação de personalidade concorrente conseguiu reunir um banco de dados histórico como o da Birkman International.

Por causa desse banco de dados massivo, os consultores da Birkman estão sempre à frente para indicar tendências de negócios ou interpretar mudanças em diversas áreas. Apesar de a dinâmica da força de trabalho torná-la cada vez mais diversificada em vários aspectos, esses consultores encontraram poucas diferenças nas respostas relacionadas a gênero, idade, etnia ou outros fatores semelhantes. A Birkman também mapeou uma diferença menor do que a esperada no resultado médio do teste entre as várias nacionalidades no mundo. Embora determinados comportamentos e hábitos sejam únicos em diferentes culturas, as mais importantes motivações e necessidades intrínsecas são compartilhadas pelas pessoas em torno do globo. Em outras palavras, nós humanos somos mais parecidos do que percebemos, mais semelhantes do que diferentes. Existe mais diversidade consistente dentro de um único grupo do que há entre diferentes grupos.

Segundo o doutor Birkman, no alicerce de cada pessoa, sempre haverá algo mais forte que dá forma ao comportamento: "Eles dão a isso nomes diferentes e você pode combinar os fatores e torcê-los um pouco, mas a natureza humana é a natureza humana e isso significa que, ao aprendermos algo em profundidade sobre os Estados Unidos, também aprendemos profundamente algo sobre a Índia e a China. Tudo isso se refere ao coração. E, quando você consegue colocar isso na conversa, existe uma compreensão universal".

A complexidade do coração humano é fascinante e desafiadora. Por todo o mundo, o ambiente de trabalho – seu local físico e seu espaço na internet – está substituindo a comunidade como ponto de encontro das pessoas e como lugar onde elas buscam a realização. Seu fascínio é sua vitalidade e sua diversidade, o que tem sido o foco da Birkman e de seu paradigma multicolorido de personalidades.

Mesmo assim, as velhas perguntas continuam no ar: O que faz um bom funcionário? O que faz um bom gestor? Como podemos trabalhar juntos para conquistar metas comuns? E, atualmente, em um ambiente de trabalho em transformação constante e radical, as respostas se tornam cada vez mais complexas – e mais surpreendentes também.

Capítulo 1

Você está aqui! Conhecendo o Birkman

Quando conseguimos conhecer e aceitar a nós mesmos, tornamo-nos livres para aceitar os outros e apreciar como eles nos complementam. No coração do Método Birkman está o conceito filosófico de que você deve tratar as pessoas da maneira que elas querem ser tratadas para que se sintam mais confortáveis, confiantes e capazes de oferecer seu melhor desempenho.

Pode soar lógico, mas isso vai contra nossos próprios instintos, que nos dizem que as conclusões que tiramos de nossa vasta experiência própria são as normais e corretas; que o que precisamos é o mesmo que todo mundo precisa; que o que nos conduz ao sucesso, com certeza, levará os outros até lá; e que a maneira que queremos ser tratados é a mesma de todo mundo. Afinal, essa é a regra de ouro. Mas as pessoas são complicadas. Não apenas se comportam de modo contrário ao que preferimos como também agem contraditoriamente ao próprio estilo aparente de ser. É que o nosso comportamento visível nem sempre reflete o que sentimos internamente precisar dos outros. Nossas ações foram moldadas lá atrás pelos padrões exigidos em nosso ambiente de trabalho ou por outras pressões sociais.

O Birkman é um guia sobre como conseguir que os outros nos ajudem a atender nossas verdadeiras necessidades e, em contrapartida, fazer o mesmo para as outras pessoas. Se conseguirmos isso, seremos o melhor de nós mesmos, faremos nosso melhor trabalho e ajudaremos os outros a conquistarem o mesmo. Quando o Birkman é apresentado aos integrantes de um grupo que interage entre si no ambiente de trabalho ou em qualquer outro cenário, o método abre um novo diálogo que é mais estimulante das necessidades interpessoais de cada indivíduo.

Quando se trata da necessidade de melhorar a compreensão e a comunicação, é comum ouvirmos a seguinte frase de nossos clientes: "Eu achava que aquele meu colega de trabalho estava tentando me prejudicar, mas quando vi sua avaliação Birkman, entendi que era apenas outra perspectiva. Não tinha nada a ver comigo".

Veja meu lado positivo

Em relação ao questionário Birkman, você pode perguntar: "O que você vai avaliar: eu no trabalho, eu em casa ou eu com meus amigos? Se isso funciona, deve mostrar como eu ajo diante do meu gestor, com as pessoas que lidero ou com meus pares?"

A resposta é "sim": o questionário considera todos esses aspectos. O Birkman foi estruturado para avaliar pessoas no ambiente de trabalho e é sofisticado o bastante para capturar todos esses relacionamentos como parte das muitas camadas e das nuances escondidas de sua personalidade.

"É muito melhor do que qualquer outro instrumento existente porque é aplicável aos comportamentos humanos normais e produtivos. Ao contrário de outras avaliações que gravitam em torno dos comportamentos clínicos anormais. Tudo o que aprendi na faculdade se referia a comportamentos anormais", afirma a consultora Dana Scannell, de Newport Beach (Califórnia), que é PhD em psicologia. "O Birkman possibilita um olhar sobre o comportamento humano em busca de quem a pessoa realmente é internamente em oposição ao medo de descobrir quem ela é de verdade. Mesmo quando alguém tem pontos que não estão de acordo com a norma, consideramos que isso nos oferece ideias para compreendê-la melhor", conclui.

O Birkman mostrará a maneira com que você se relaciona com aqueles que estão ao seu redor, seus interesses, seus pontos fortes, onde está a sua zona de conforto e, talvez o mais importante, como você pode recarregar suas energias. O método vai ajudar você a entender de modo concreto o seguinte enigma: para definir seus pontos fortes, a contrapartida é reconhecer seus pontos fracos. Como qualquer atleta poderá lhe dizer, o seu melhor atributo é também o seu ponto vulnerável. Você tem que entender quando dar o melhor uso aos seus pontos fortes ou eles podem ser sua destruição. Se você for um tenista ou um baterista, por fim, terá problemas com os cotovelos porque essa é a parte do corpo que mais usa. Um boxeador não precisa se preocupar com laringite, mas uma cantora de ópera, sim. Alguém cujo ponto forte é uma ética profissional inabalável também é a pessoa mais sujeita a sofrer um esgotamento.

Responda o questionário

Agora é o momento de responder o questionário Birkman; para isso, separe entre 30 e 40 minutos e ponha-se confortavelmente. Você pode acessar o teste em: http://www.birkman.com/book. Juntamente com seu relatório complementar sobre estilo de vida, você pode escolher entre diversos laudos sobre temas adicionais, que estão incluídos na compra desse livro. Selecione os relatórios adicionais gratuitos que deseja receber e, então, clique no botão Iniciar.

Divirta-se fazendo a pesquisa: relaxe e siga o seu primeiro impulso nas respostas. Não tente fazer jogo. A pesquisa com 298 questões é bastante sensível e pode detectar respostas artificiais e as rejeitará nos resultados finais.

Depois de completar e submeter o questionário, seu relatório será enviado por e-mail para você. Por favor, nos dê um endereço de e-mail válido quando for solicitado. Caso necessite de ajuda para acessar o questionário, por gentileza, preencha o formulário on-line em http://support.birkman.com.

O teste que você fará é a autêntica avaliação Birkman. Seu relatório de resultados, porém, é uma versão resumida e gratuita. Depois de completar a avaliação, você pode considerar a compra de um relatório completo de feedback ou uma das dezenas de pacotes específicos para atender a suas necessidades. O Birkman oferece muitas maneiras diferentes para ler seus dados individuais e exclusivos, relacionando-os a duas categorias principais: carreira e relacionamento interpessoal. Todos esses relatórios são derivados da avaliação original que você nos enviou. Quem quiser conversar com um consultor certificado pela Birkman ou queira receber um relatório completo ou algum dos outros específicos de feedback pode entrar em contato com a Birkman International pelo site (http://www.birkman.com) ou pelo telefone (713-623-2760). As muitas variáveis e interpretações de uma pesquisa Birkman estão além do escopo desse livro e podem ser mais bem abordadas por nossos experientes consultores.

O próximo capítulo explica em detalhes os elementos do seu perfil. O restante do livro vai além dos parâmetros desse relatório gratuito para expor completa e abrangentemente a análise Birkman, aperfeiçoada ao longo de décadas.

Lembre-se de que não existe "passar" ou errar questões para o Birkman. Quando dizemos que não existem respostas inadequadas, é para valer. O método é usado para identificar as preferências, motivações e necessidades que mais combinam com você para que tenha um trabalho realizador. Lembre-se também de que nenhum teste por si só é capaz de capturar a integralidade da experiência e da sabedoria de uma pessoa. Apesar disso, fazer essa avaliação pode lhe oferecer um grau mais elevado de autoconsciência e o vocabulário para expressar esse conhecimento. O objetivo é ajudar você a buscar o melhor caminho de ação para atender a suas exigências internas – mesmo que elas mudem com o tempo. Ao longo do livro, você lerá exemplos sobre como as pessoas usaram a avaliação para chegar à solução de uma variedade de problemas; aplicaram a nova compreensão sobre aquele ambiente de trabalho antigo e raivoso, obtendo uma nova compreensão daquela experiência negativa, e começaram a dialogar e agir de forma a corrigir a situação.

Seus resultados Birkman

Quando você entra em um parque desconhecido ou em um conjunto de edifícios, geralmente, encontra na entrada uma planta geral da estrutura com uma seta indicando um local com a frase: "Você está aqui!" O Relatório de Estilo de Vida pode ser usado para dar essa visão aérea de você mesmo, da sua empresa, organização ou até mesmo da sua família. Com termos genéricos e um visual simples, esse laudo ajuda a definir a sua personalidade e onde você se encaixa na população como um todo.

O Relatório de Estilo de Vida é uma síntese que contém os seguintes elementos e os símbolos que os representam:

- Um quadro com quatro cores que representa o cenário da sociedade como um todo com base nos tipos básicos de personalidade da população em geral;
- Quatro símbolos representando seus Interesses (asterisco), Necessidades (círculo), Comportamentos Habituais (diamante) e Estresse (Quadrado) e como tudo isso se combina nas quatro cores do cenário. Necessidades e Estresse juntos formam um só ponto;
- Um triângulo formado a partir desses pilares básicos da avaliação apresenta-se sobre o cenário colorido. A forma exata assumida pelo triângulo é mais uma pista sobre a sua personalidade singular.

Tomada como um todo, a grade de representação de seu perfil mostra seus interesses e os estilos de socialização baseados no modelo de como as pessoas se comportam. Em outras palavras, é a sua relação com a sociedade de uma maneira geral. A síntese pode ajudar você a ver seu estilo de comunicação, revelar se você é orientado para as tarefas ou para as pessoas e ajudar a descobrir seus pontos fortes exclusivos.

Para o consultor Tony Palmer, de Atlanta, um dos aspectos mais atraentes do perfil Birkman é o modo com que foca na estratégia e não nas táticas para esclarecer os objetivos profissionais. "Tudo o que você ouve é sobre tática", ele diz. "Meu currículo está certo? Como eu faço networking? Como negocio meu salário? Mas a estratégia – o que você quer fazer com a sua vida e o que é mais adequado para atingir esse objetivo – é o que o Birkman responde. O maior colapso pode ocorrer no desenvolvimento de uma carreira, quando o profissional perde a estratégia e dá foco somente na tática. A pessoa acaba indo trabalhar em algo só porque o tio fez aquilo ou porque o marido ou a esposa disseram para fazer aquilo."

Tony compara o processo a uma viagem: "Você não pode fazer as malas enquanto não souber para onde está indo. Você faz malas diferentes quando vai para Bariloche ou para Miami. O Birkman indica o caminho para se chegar aonde se quer estar".

E o Birkman ajudará a garantir que você sempre encontrará a posição ideal em qualquer organização não importa que combinação de cores surgir como resultado em seu relatório. O objetivo está ao seu alcance pois as quatro cores devem ser entendidas como uma representação do processo natural e linear que ocorre em todo esforço para atingir metas. O azul aciona uma ideia; o verde é o engajamento; o vermelho é a realização; e o amarelo, a continuidade, mantendo a ordem e o sistema.

O MÉTODO EM AÇÃO: SEU CAMINHO CERTO

O Birkman dá diretrizes às pessoas em diversas conjunturas críticas de suas carreiras como escolher um campo de estudos, ser contratado, conquistar uma promoção e superar o maior obstáculo em meio a uma carreira: a percepção depois de tantos anos de sucesso de que "o que me trouxe aqui não me levará lá". O método é particularmente útil para colocar ordem em alguns dos mais caóticos aspectos do ambiente de trabalho. Isso porque o seu relatório exclusivo de feedback revela e autoconscientiza sobre as camadas que você não discernia em si mesmo e sugere como aplicá-las em situações reais para reduzir o estresse e focar no que torna você mais produtivo – e capaz de gostar do que está fazendo. Os profissionais sentem necessidade de um caminho a seguir quando se encontram perdidos na carreira sem perspectiva futura ou querem encontrar um atalho para ir direto para uma nova posição. A meta é estar preparado para quando surgir uma oportunidade de avançar.

A carreira certa

Anne Morriss estava vivendo um ponto baixo em sua carreira, infeliz no emprego em Washington em uma organização não lucrativa. Ela trabalhara cinco anos na América Latina gerenciando serviços de saúde pública em áreas rurais, um trabalho que adorava, mas via como um passo inicial. Mudou-se para Washington para levantar fundos nessa organização não lucrativa, especializada em desenvolvimento global. "Eu achava apenas que estava na organização errada, que devia haver um lugar perfeito para mim no universo das entidades não lucrativas, talvez não em saúde global, mas em outra iniciativa caritativa. Esse era meu autodiagnóstico, mas estava errado. Então, pensei: 'Melhor conversar com um *expert*!'", conta Anne.

Ela foi apresentada a um consultor da Birkman e completou o questionário. Anne considerou a resposta clara, concisa e provocativa. "Ninguém com esse perfil faz essas escolhas", a consultora Barbara Robinson disse a ela. "Você tem necessidades que não estão sendo atendidas – uma necessidade de desafio e propósito, assim como de recompensas concretas e certa dose de risco."

Pessoas com essas necessidades, a consultora continuou, geralmente, assumem posições altamente competitivas na indústria privada. Mas Anne havia sido criada em uma família de acadêmicos, advogados e professores. Ninguém havia lhe falado que o ambiente de negócios pode ser recompensador. Como não tinha modelos nessa área, ela começou então a fazer contatos para observar mais de perto o universo de negócios. Com o encorajamento de Barbara, Anne retomou os estudos e fez um MBA em Harvard. Depois de se formar, começou a trabalhar para uma companhia lucrativa, mas que tinha "uma missão". Anne dizia que a empresa em que fosse trabalhar tinha que "ter um propósito maior do que ganhar dinheiro". Esse tipo de escolha é essencial para alguém com uma pontuação tão alta (90) em interesse por serviços sociais, Barbara explicou. Por fim, ela foi trabalhar em uma companhia que ajuda empreendedores a traçar estratégias de negócios em mercados emergentes e, às vezes, tem que se relacionar com os líderes desses países. Tudo se encaixou muito bem. "O Birkman acelerou o processo. Eu teria continuado pelo caminho da tentativa e erro, mas o método me ajudou a me articular antes, e sou realmente muito grata por isso", conclui Anne.

Um talento escondido

A consultora Cy Farmer, representante internacional da Cru, uma organização religiosa com sede na Alemanha, ofereceu-se para aplicar o Birkman em uma das colegas de colégio de sua filha. A adolescente havia decidido ser enfermeira, mas depois de um ano de graduação, ela voltou para casa e disse ao pai: "Ser enfermeira simplesmente não é como eu esperava".

Cy conta que o Birkman mostrou que a garota tinha uma forte afinidade por contabilidade e lembra que ela lhe perguntou, revirando os olhos:

"De onde isso pode ter surgido?" Mas, depois de refletir um pouco mais sobre o assunto, resolveu tentar um curso de contabilidade, como Cy recomendara. Ela se formou e descobriu que aquilo era sua carreira perfeita.

"Provavelmente, ela teria sido uma boa enfermeira", diz Cy, "mas seria aquela enfermeira que segue as regras – e não uma profissional que se sente realizada."

Muitos interesses, uma carreira

Os consultores afirmam que a demanda é crescente nos estágios iniciais do planejamento de carreira. Como as anuidades das principais universidades continuam a voar alto, os pais querem ter certeza de que o dinheiro será investido na melhor carreira possível para seus filhos. Mais de 80% dos estudantes que ingressam na faculdade dizem não ter certeza no que querem se formar, mesmo que de início tenham escolhido uma profissão; e mais de 50% mudam de faculdade pelo menos uma vez antes de se formar – alguns estudantes, várias vezes, de acordo com Michael J. Leonard, da divisão de estudos sobre universitários da Universidade Estadual da Pensilvânia.[1] E, apesar das reclamações de que as faculdades estão se tornando escolas vocacionais, muitos universitários sentem-se jogados à deriva depois de concluir os estudos.

Wendy Andreen, PhD, uma colega e conselheira de carreiras que vive em Houston, afirma que é um erro investir tanto esforço para preparar os alunos academicamente para a faculdade e lhes ajudar "tão pouco na descoberta de quem são – interesses, personalidades e potenciais de carreira – e no apoio a seus talentos." O filho dela foi reprovado quatro vezes na Universidade do Texas em Austin – primeiro em arquitetura, depois em engenharia e, por último, em engenharia química. Quando o centro de carreira da faculdade aplicou nele a avaliação Birkman, o resultado apontou que o rapaz tinha grande interesse em música, ciência, mecânica e literatura. E tão importante quanto: o relatório indicou que ele tinha grande afinidade com atividades ao ar livre e com a sensação de liberdade. "Sentar

---

[1] Michael J. Leonard no artigo *Major Decisions*, de 12 de março de 2010. Disponível em: <http://dus.psu.edu/md/mdintro.htm>. Acesso em: 16 jun. 2014.

atrás de uma mesa em um escritório tradicional não ia mesmo funcionar para ele", conta a mãe.

Michael vibrou com a informação: "Foi a análise mais objetiva sobre mim que eu já vi e não consigo contradizê-la. Isso é libertador e, finalmente, sinto como se tivesse licença para seguir adiante e mudar de direção", ele escreveu em um e-mail para Wendy.

Ele mudou a graduação para Inglês com pouca ênfase em matemática, ciências e administração para se graduar mais depressa. Depois, ingressou na Universidade do Texas em Dallas e obteve sua formação no que a mãe chama de seu verdadeiro chamado: design de video games. Foi convidado a permanecer e participar do programa inaugural de pós-graduação em artes e tecnologia, especializando-se em som para jogos eletrônicos.

Wendy ficou tão impressionada com o papel exercido pelo Birkman na solução do dilema de seu filho, que se tornou uma consultora certificada e tem trabalhado, desde então, com nosso método como conselheira de estudantes em fase de escolha de carreira.

Antes da avaliação Birkman, Michael estava teimando em relação à sua escolha profissional, querendo se graduar em "algo concreto". Seus pais, por sua vez, tentavam lhe mostrar que o ideal seria seguir o próprio coração. "Quando os jovens lutam contra o que amam, em algum ponto da estrada, lá no futuro, eles vão se sentir infelizes", conclui a consultora.

Wendy explica que, para os jovens, pede que pensem no Birkman como um compasso. Já os adultos, ela diz, devem pensar no método como um mapa a seguir. Ninguém quer que os estudantes parem de explorar diferentes campos e categorias de trabalho. Mas também devem evitar terminar em empregos que não combinam com eles.

Capítulo 2

IDENTIFICANDO SEUS PONTOS FORTES

Se você conhece seus pontos fortes e interesses – e como mantê-los disponíveis –, você pode colocá-los a serviço dos outros e se tornar um funcionário desejável por qualquer empresa. Não importam quais sejam seus resultados no Birkman, eles mostrarão seu potencial a qualquer companhia interessada em equilibrar a força de trabalho com diversidade de funcionários competentes. O Birkman também lhe indicará o caminho para aprimorar sua abordagem e desempenho em qualquer situação.

"Olhe para o seu Birkman e se orgulhe dele", diz Jan Brandenbarg, consultor sênior na Holanda. "No resultado, você vê o que pode fazer melhor de uma maneira diferente. O principal ponto é aprender a aceitar a si mesmo. Se você não se aceita, por que acha que seu chefe aceitaria você?"

Os quatro tipos universais

Sua avaliação Birkman começa pelo Relatório de Estilo de Vida, que reconhece 4 tipos abrangentes de personalidade, amplamente aceitos pela psicologia. Essa matriz é usada de uma maneira única, mas não foi inventada por nós. O surgimento da ideia da existência de 4 tipos universais vem desde a Grécia antiga. Hipócrates afirmava que a população humana era formada por 4 tipos de pessoas e esse conceito atravessou os séculos, assumindo várias formas e diferentes termos em diversas culturas. Nos tempos modernos, é mais conhecido pelo trabalho de Carl Jung, um pioneiro na psicologia social. O Birkman considera que essa distribuição de perfis em 4 partes é natural na sociedade e necessária em todas as organizações como um pré-requisito para o funcionamento saudável do mundo como o conhecemos.

Os 4 quadrados coloridos no gráfico representam a sociedade como um todo. O seu perfil oferece uma síntese e uma visão geral dos pontos em que você é mais forte. Além disso, traça seus interesses (em média) e, com base no modelo geral de comportamento das pessoas, mostra como está seu relacionamento interpessoal ou estilo de socialização. O ponto onde estiverem seus interesses nesse gráfico indicará onde você prefere focar sua atenção e quais são suas preferências dominantes. Os atributos estão associados com cada uma das 4 cores e categorias gerais de trabalho, como representado na Figura 2.1.

Azul (pensador/planejador)

O Azul está associado às pessoas que habitam o mundo dos conceitos e das ideias. Gostam de ser criativas e inovadoras e costumam surgir com abordagens diferentes, até mesmo pouco ortodoxas. São reflexivas e tendem a analisar profundamente todas as possibilidades. Como são imaginativas e boas na conexão de ideias, gravitam no grande cenário e sonham com o futuro. Com frequência, são vistas como incentivadoras e cuidadoras.

O Azul também representa a arte, a literatura e a música. As pessoas Azuis não precisam ser profissionais nessas áreas, mas consideram que tais são muito importantes em suas vidas. Saindo das artes, o Azul representa alguém que prefere trabalhar em estratégia e no planejamento em longo prazo. Como as pessoas Azuis são introspectivas, elas tendem a confiar nas próprias reações para direcionar suas decisões. Quando alguém tem interesses no Azul, pode escolher carreiras em belas artes, design, pesquisa, medicina ou estratégia, por exemplo.

Life Style Grid ®

Vermelho		Verde
Realizador (trabalha através das pessoas)		**Falador** (trabalha com as pessoas)
Contador (trabalha através de sistemas)		**Pensador** (trabalha com ideias)
Amarelo		Azul

Figura 2.1 – O Relatório de Estilo de Vida

Verde (persuasivo/comunicador)

O Verde representa as pessoas que são boas comunicadoras – gente persuasiva que aprecia estar em contato com o público e se sente confortável em interações sociais. São pessoas orientadas para o grupo, parecem jamais cansar de conversar com os outros e acham que nunca estão diante de um estranho. Se você disser: "Festa!", ela responde: "Estarei lá!".

São confortavelmente assertivas, talentosas para vender e transmitem uma abundância de charme e entusiasmo, mesmo quando agem de modo extremamente competitivo. Pode-se afirmar que tenham uma boa compreensão dos outros e reagem instintivamente, oferecendo ajuda e apoio. Tendem a ser mais diretas e assertivas do que seus irmãos Azuis e colocam o foco no mundo exterior. São boas em motivar os outros e apoiar as mudanças – que sempre esperam ser para melhorias.

No ambiente profissional, podem canalizar o amor que sentem pelas pessoas para atividades altamente comunicativas como vendedor, pastor, relações públicas, advogado, político, palestrante motivacional e jornalista.

Vermelho (implementador/realizador)

O Vermelho é a cor dos realizadores, aquelas pessoas que colocam mãos à obra, que são construtoras. Têm forte inclinação prática e costumam ter um sentido de urgência para ver as tarefas prontas. Por essa razão podem se sobressair como os primeiros a reagir em emergências porque sabem tomar boas decisões rapidamente e gerenciar crises. Têm uma abordagem pragmática, são pessoas orientadas para metas e mantêm o foco nos fatos. Tendem a ser adeptas da tecnologia.

Também costumam preferir atividades ao ar livre e podem se empregar em paisagismo e construção civil. Em geral, gostam de caminhar, acampar e andar de bicicleta. Um explorador pode ser uma pessoa vermelha, especialmente hoje em dia, quando essa profissão exige conhecimento tecnológico e espírito de aventura. Algumas das áreas profissionais associadas ao Vermelho são: engenharia, tecnologia da informação, mecânica, policial, gerente de crise, segurança, construtor, guarda florestal e empregos relacionados ao setor de energia como nas áreas de petroquímica ou exploração de petróleo.

Amarelo (administrador/analista)

O Amarelo indica as pessoas que preservam o sistema e os valores numéricos e organizacionais. São conscienciosas e apreciam os processos e procedimentos associados a cada tarefa. Os Amarelos são muitos bons para prestar atenção nos detalhes e fazem exames minuciosos. Isso significa que representam a ordem e buscam realizar tudo de um modo sistemático, insistindo em verificações e prestações de contas. Por esse motivo, também costumam ser aquele tipo de pessoa que pede para ser tratada de maneira justa.

No trabalho, planejam a tarefa e fazem exatamente como foi planejado. Não ficam frustrados ou aborrecidos com tarefas repetitivas; ao contrário, gostam da consistência dos dias. Entram na rotina e a mantém para garantir a ordem e a previsibilidade. Não se importam em realizar seu trabalho com calma nos bastidores e preferem não ser interrompidos quando estão dedicados a suas tarefas. As profissões adequadas para os Amarelos incluem contador, bancário, analista financeiro, controlador, fiscal, organizador, gerente de escritório e administrador.

Adicionando cores

Dar uma olhada no colorido da paisagem do escritório revela um dos problemas mais difíceis do processo de contratação: a tendência do gestor em selecionar pessoas parecidas com ele. Em termos individuais, essa perspectiva pode ajudar a pessoa dominante em uma cor a ver onde estão os outros aspectos de sua personalidade que podem ser mais bem desenvolvidos. Mesmo uma superestrela não consegue se sobressair em tudo e sentirá falta de qualidades em algumas áreas-chave.

Raymond era diretor de informática na unidade de negócios de uma grande corporação multinacional. Quando fez a avaliação Birkman, não foi surpresa que seu resultado fosse Vermelho dominante. Seus pontos fortes eram o acompanhamento dos projetos, a entrega e sua forte capacidade analítica. Ele construiu uma reputação e progrediu por causa de sua capacidade de realização e do foco em metas. Era considerado um gestor excepcional. Mas, de vez em quando, mostrava-se excessivamente voltado à execução, com um estilo inflexível e focado em detalhes. Essas características às vezes prejudicavam sua habilidade de conexão com os outros, e ele começou a sentir necessidade de preencher algumas lacunas para conquistar um posto de liderança mais alto no trabalho.

Stacy L. Sollenberger, uma consultora da Geórgia, levou Raymond a entender que aquilo que o conduzira ao sucesso não era, necessariamente, o mesmo que o ajudaria a se manter lá. Ela utilizou a avaliação Birkman para fazer com que ele começasse a fazer "as cores falarem". Raymond percebeu que seus pontos fortes, embora ainda fossem valiosos para a organização, tinham que ser equilibrados com novos comportamentos e formas de pensar, mais visíveis no domínio do Azul – planejamento estratégico a longo prazo – em vez da urgência e da resposta imediata do Vermelho. O Relatório de Estilo de Vida o ajudou a enxergar as nuances dos diferentes tipos de liderança com base nos atributos das outras cores – que ele também possuía, embora com intensidade bem mais baixa.

Esse executivo de alto nível foi particularmente adaptável, mas não podemos flexionar demais nossos comportamentos: não é possível mudar nosso estilo fundamental. Alguns líderes descobrem que devem fazer parceria ou, pelo menos, receber consultoria de pessoas cujo comportamento e estilo são bem diferentes dos seus. Os executivos que sabem como alavancar a força de seus colegas Azuis, Verdes, Vermelhos e Amarelos alcançam o sucesso mais depressa e se mantêm lá por mais tempo. Não saber aproveitar os diferentes estilos pode levar a um choque de personalidades e comportamentos profissionais entre pessoas que têm que trabalhar juntas e próximas.

Um novo funcionário de uma empresa em Houston disse que conhecer o seu resultado e o de uma colega foi uma revelação que o levou a mudar seu funcionamento no escritório. "Havia uma mulher no trabalho que eu odiava. Toda vez que eu dava uma ideia, ela detonava, alegando que não era prático e que não iria dar certo. Depois que fizemos a avaliação Birkman, a consultora indicou que eu era Azul e gostava de pensar em novas estratégias. Minha 'inimiga' era Amarelo. Percebi, então, que ela não estava me perseguindo; era apenas uma pessoa focada em números. Era onde se sentia confortável e contribuindo para a nossa empresa. Agora, antes de apresentar minha ideias diante do grupo todo, eu as repasso antes com ela para que façam mais sentido financeiramente. Hoje em dia, além de gostar dela, acho que está me ajudando bastante."

A primeira regra do Método Birkman é a mais difícil de se colocar em prática: como vemos o mundo e os filtros que usamos para perceber o ambiente podem ser muito diferentes daqueles utilizados pelas pessoas ao nosso redor. Nosso padrão não é *o* padrão. Nós não somos o "normal" porque não existe normal.

"Assim que você realmente conseguir entender suas percepções e os vieses e pressupostos que carregam, será capaz de gerenciar melhor seu trabalho e os relacionamentos pessoais, tornando os dois mais frutíferos para todos os envolvidos", afirma doutor Birkman.

Essa diversidade de personalidades é importante para a face mutante das empresas, que dispõem de uma sempre crescente variedade de especialidades entre seus funcionários. Uma empresa inovadora de alta tecnologia certamente precisa de um líder diferente do que está à frente de um pequeno serviço médico. Nas décadas passadas, os consultores da Birkman costumavam encontrar muitos Vermelhos e Verdes assertivos na liderança das empresas. Isso era esperado em uma época em que as maiores corporações estavam associadas à indústria pesada e muitos líderes empresariais haviam sido militares. Mas com a atual diversidade na força de trabalho e as mudanças no ambiente profissional, trazidas pela tecnologia e outras inovações no modo de fazer negócios, a Birkman International tem encontrado uma ampla gama de pessoas representando todos os tipos de personalidades nas posições de liderança.

Orientação para pessoas *versus* orientação para tarefas

Diversas avaliações da psicologia positiva[1] dão ênfase na teoria dos 4 tipos de personalidade; o Método Birkman, no entanto, usa o Relatório como um alicerce para construir um perfil multicamadas.

Outra dimensão é adicionada ao Relatório de Estilo de Vida, colocando os quatro quadrantes coloridos no contexto de dois aspectos profissionais (Figura 2.2):

1. Seu foco, ou seja, você é orientado para as tarefas ou orientado para as pessoas.

2. Seu estilo de trabalho, ou seja, você prefere se comunicar diretamente com as pessoas (assertivo) ou indiretamente (reservado).

A metade de baixo do gráfico Amarelo-Azul indica a tendência para a comunicação indireta. A parte de cima, Vermelho-Verde, representa a comunicação direta. A esquerda, Vermelho-Amarelo, é a metade orientada para as tarefas e a direita, Verde-Azul, é o lado orientado para as pessoas.

Life Style Grid ®
Comunicação Indireta

	Vermelho	Verde	
Orientação para as tarefas			Orientação para as pessoas
	Amarelo	Azul	

Comunicação Indireta

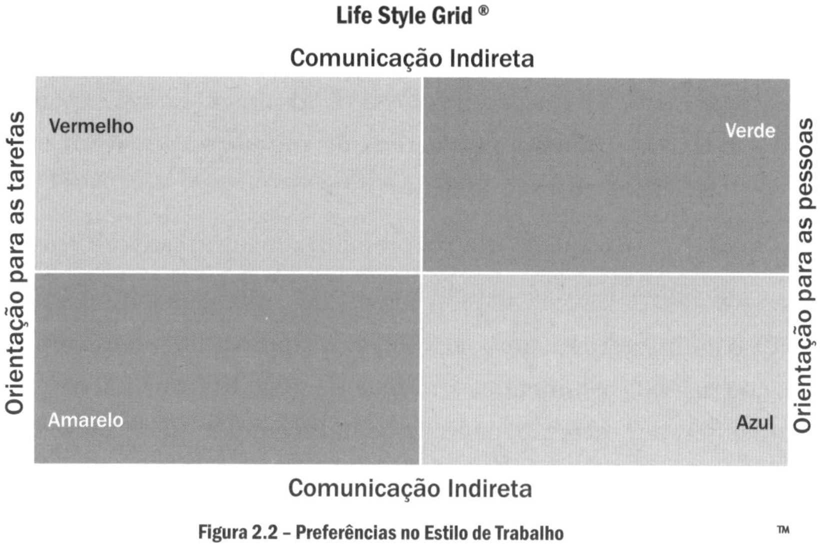

Figura 2.2 – Preferências no Estilo de Trabalho ™

---

[1] **Psicologia positiva**: movimento que, em vez de dar foco aos fatores de desequilíbrio e às doenças mentais, busca identificar e promover os aspectos positivos individuais direcionados à sanidade, bem-estar e felicidade. *Positive Psychology*: an introduction, de Martin Seligman & Mihaly Csikszentmihalyi, em: *American Psychologist*, jan. 2000. (N.T.)

Pontos fortes interpessoais

O próximo passo no aprofundamento da autoconsciência é verificar como as cores se combinam para formar a sua personalidade, pois sabe que, instintivamente, há um pouco de todas as cores dentro de você. Localize os 4 símbolos no gráfico geral que identificam os diferentes aspectos de sua personalidade. Esses são seus pontos fortes interpessoais – não somente quem você é, mas quem você é quando se relaciona com o restante da sociedade. Eles se localizam no quadrante colorido que melhor representa como você expressa esses aspectos. Incluir no gráfico do Relatório de Estilo de Vida a análise de suas respostas na avaliação torna mais fácil conceituar seu complexo perfil de personalidade. Os quatro aspectos de sua personalidade são:

- *Interesses* – o asterisco: O QUE você gosta de fazer ou onde você gravita quando realiza suas atividades.

- *Comportamentos habituais* – o diamante: COMO você gosta de realizar suas atividades (seu comportamento interpessoal socializado) ou como você se vê e como os outros verão você.

- *Necessidades* – o círculo: ONDE idealmente você gostaria de estar, ou seja, suas expectativas do mundo ao seu redor e onde você encontra a sua zona de conforto.

- *Estresse* – o quadrado: seu comportamento reativo e frustrado que pode ocorrer quando suas necessidades não são atendidas.

O conjunto desses símbolos mostra como os diferentes compartimentos de sua vida assumem os atributos de uma determinada cor. A dos seus Interesses, por exemplo, pode ser bem diferente daquela assumida pelos comportamentos habituais, ou aprendidos, que pode ser diferente também da cor do ambiente em que você gosta de trabalhar ou recarregar as energias. De início, pode parecer um pouco confuso, mas nossas personalidades são complexas. Qualquer avaliação que coloque um rótulo simples ou que o encaixe em um único tipo está reduzindo você a muito pouco. Quem disse que o comportamento humano é sempre unidimensional?

Olhando para o Relatório agora, você será capaz de ver instantaneamente para onde suas energias e paixões estarão direcionadas ao trabalhar com pessoas e ideias ou com detalhes e tarefas.

Interesses

O asterisco dos seus Interesses está na cor que melhor representa aquilo que, na vida, é mais atraente para você (Figura 2.3). No caso mostrado na figura, o asterisco no quadrante Amarelo indica uma inclinação para os aspectos numéricos e administrativos do trabalho. É importante conhecermos nossos interesses porque eles dizem muito daquilo que nos satisfaz em longo prazo. Quando o empregador consegue compreender o que cada pessoa realmente ama fazer em seu trabalho, o grau de retenção de talentos aumenta muito. Gostamos de dizer que, sejam intrínsecos ou extrínsecos, seus Interesses mantêm você engajado com alegria no trabalho e nas suas funções e os dois tipos devem fazer parte da sua vida diária.

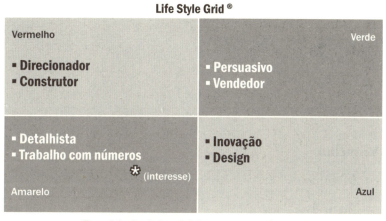

Figura 2.3 – O asterisco do Interesse: o que você gosta de fazer ™

Você, provavelmente, sabe muito bem quais são seus interesses e, apesar da sua sensação de crescimento e evolução ao longo da vida, eles mudaram muito pouco desde a infância. Todos nós já ouvimos histórias sobre como as pessoas realizadas descobriram pela primeira vez suas paixões. A biografia do virtuoso violinista Joshua Bell, por exemplo, conta que, quando estava com apenas quatro anos, os pais o encontraram no quarto fazendo música com os elásticos que havia esticado entre os puxadores das portas do guarda-roupa.

O asterisco em seu Relatório de Estilo de Vida representa a média obtida em uma lista de 10 interesses básicos representando os 4 quadrantes coloridos. São atividades que você aprecia e as considera recompensadoras. Podem estar associadas ao seu trabalho ou ser justamente a forma que você encontra para recuperar as energias. As Áreas de Interesse mostram sua combinação natural de tipos de interesse e a importância de cada uma delas para você. As Áreas de Interesse em conexão com os atributos das cores são as seguintes:

Azul

- Artístico
- Literário
- Musical

Verde

- Serviço social
- Persuasivo

Vermelho

- Mecânico
- Ao ar livre
- Científico

Amarelo

- Processual
- Numérico

Seus Interesses não são, necessariamente, aquilo em que você é bom; isto é, não são a medida de suas habilidades ou de talentos inatos. Em vez disso, são o que você gosta de fazer ou o que lhe é mais atraente. Você não tem que ser um cantor de ópera para ser um apreciador de ópera assim como não precisa tocar saxofone para amar jazz. Mas, se esses Interesses são importantes na sua vida, também serão fonte de energia e bem-estar. Por essa razão, as empresas têm que começar a ser mais flexíveis com a vida dos funcionários fora do trabalho. No mínimo, por que isso estimula a produtividade.

"Não consigo desenhar", dizia para seus clientes Shelley Hammell, consultora de Atlanta. "Se você me pedir para desenhar uma pessoa, eu ainda farei aquele boneco com traços retos da infância, quem sabe, acrescentando uma pequena saia para mostrar que é do gênero feminino. Não tenho talento artístico. Mas minha pontuação artística em Áreas de Interesse é alta e eu adoro arte. Se estou em uma viagem a trabalho, a primeira coisa que vejo é se existe algum museu perto do hotel em que vou ficar. Eu uso a arte para relaxar e recarregar as energias."

E como as pessoas tendem a fazer bem aquilo que gostam, você pode acabar se tornando habilidoso em uma de suas Áreas de Interesse. No ambiente de trabalho, os interesses são fortes indicadores de como você prefere direcionar sua energia, sendo todo o resto – dinheiro, prestígio e oportunidade – considerado igualmente importante. Doutor Birkman aprendeu que nossas Áreas de Interesse funcionam como nutrientes em nossas vidas – algo que fortalece nosso bem-estar emocional. Além de usar os interesses para indicar um caminho de carreira, melhorar o ambiente de trabalho e escolher um emprego que combine com você, eles também mostram o que é preciso para manter o pique de energia na sua vida.

As 10 áreas são pontuadas entre 1 e 99, oferecendo uma medida da sua paixão em cada campo – viva você, ou não, trabalhando em alguma atividade correlata:

Abaixo de 10	Algo que você deve preferir delegar aos outros
10-39	Se pudesse opinar, algo que você provavelmente não faria
40-60	Algo que você pode fazer ou largar
61-75	Algo que provavelmente é uma atividade regular
76-90	Algo que provavelmente você sente que não pode viver sem
Acima de 90	Uma paixão real que pode transformar uma vida

Cultivar nossos interesses vitais é essencial para alimentar o espírito; tão importante quanto a água para uma planta. Uma pontuação alta significa que aquele Interesse modelará sua escolha profissional assim como seus momentos de recreação. Quando você está tentando alcançar seu melhor desempenho produtivo e criativo, deve se inclinar para suas paixões. Isso é especialmente verdade quando se tem que trabalhar em alta rotação por muitas horas – exatamente quando suas obrigações podem encobrir seus Interesses ou sufocar o tempo de recarga das energias.

Pode ser que você não ache fácil desviar o foco da tarefa que está em suas mãos, não apenas porque o tempo está curto, mas também porque os Interesses podem ser sutis e, às vezes, ficar soterrados e esquecidos por longos anos sob a carreira, a família e outras demandas diárias. Foi o que aconteceu com o *Chief Executive Officer* (CEO) de uma companhia de combustíveis de Arkansas. Ele ficou surpreso quando um consultor da Birkman lhe mostrou uma pontuação de 97 em interesses musicais.

"Aposto que você tem música para ouvir no computador do escritório", disse o consultor Bob Brewer, PhD, de Oxford, enquanto lhe mostrava o resultado.

"Não, eu não faço nada com música, embora goste de música", respondeu o CEO.

Bob, então, abordou o assunto de acordo com a perspectiva do Método Birkman: "O que as pessoas dizem a respeito de trabalhar com você?".

"Que eu sou excêntrico, difícil de suportar e difícil de trabalhar junto", o executivo admitiu.

"Pode parecer meio maluco, mas leve um rádio ou algum outro aparelho para tocar música no escritório e mantenha ligado durante o dia", Bob recomendou.

O CEO achou estranha aquela sugestão – ainda mais vinda em meio às recomendações mais precisas de liderança e treinamento que já recebera, mas atendeu. Algumas semanas depois, quando Bob verificou com ele o resultado, o mesmo afirmou que aquela pequena sugestão fizera uma enorme diferença sobre como se sentia no trabalho e contou: "As pessoas agora se aproximam de mim e dizem que está muito mais fácil lidar comigo no escritório".

E Bob concluiu: "Você agora está alimentando uma de suas paixões".

Nesse capítulo, você aprendeu até agora que conhecer os atributos de suas cores pode ajudar a identificar as lacunas no seu estilo profissional e no pensamento estratégico. Uma medida tão precisa de seus Interesses possibilitará que você mire no que precisa para alcançar o equilíbrio no trabalho. Agora sabe em que áreas você precisa dar mais foco em treinamento ou em satisfação na carreira.

As Áreas de Interesse do Método Birkman foram usadas em uma empresa de Toronto para ajudar um funcionário em posição sênior que queria ser considerado para uma promoção. Seu resultado mostrou que ele possuía uma pontuação baixa em Persuasivo e alta em Serviço Social. Diante dessa informação, a vice-presidente de Recursos Humanos da IPEX, Joanne Rivard, começou a trabalhar com ele a forma de vender melhor suas ideias. Ela explicou que essa costuma ser uma preocupação típica da empresa, que fabrica canos de plásticos para o mercado da construção civil. Por atuar no setor de engenharia, a companhia atrai muitos profissionais Vermelhos dominantes, que são apoiados por Amarelos. "Mas nós rapidamente descobrimos que sem Verdes e Azuis, eles não se tornam bons líderes", explica Joanne, que é certificada no Método Birkman.

Seu candidato à promoção, um engenheiro, teve pontuação 87 em Mecânica e 71 em Científico, como era de se esperar de uma pessoa que trabalhou durante a carreira inteira com máquinas. Mas houve uma surpresa: ele também teve pontuação 94 em atividades ao ar livre – o sinal de uma paixão real. Joanne buscou uma posição no próximo nível da hierarquia que pudesse combinar com sua necessidade de estar ao ar livre. E encontrou uma: um projeto em outra província canadense que exigia viagens para a realização de inspeções locais.

"Com uma cultura de recrutamento interno, contar com uma ferramenta como a avaliação Birkman é essencial para o desenvolvimento de planos de sucessão. Isso também ajuda a encontrar profissionais dispostos a serem mentores internos", explica Joanne. Ela afirma que o resultado é uma taxa de retenção alta; cerca de 40% dos funcionários têm mais de 20 anos na empresa. E Joanne acrescenta: "Antes do Birkman, a IPEX considerou o *coaching* externo como um programa de melhoria. Mas apenas aqueles que já estavam para ser demitidos da empresa aderiam como um último esforço. O que o Birkman me ofereceu foi uma base para trocar meu, 'chapéu de Recursos Humanos', e trabalhar mais objetivamente como *coach*, utilizando a linguagem e as ferramentas mais adequadas".

Comportamentos Habituais

O Método Birkman explora seus Comportamentos Habituais – chamados assim porque descrevem a maneira como geralmente somos e nos apresentamos em nossas interações diárias (Figura 2.4). Esse é o seu comportamento socialmente desejável. Os Comportamentos Habituais são sempre descritos em termos positivos e produtivos.

Figura 2.4 - O diamante dos Comportamentos Habituais ™

Se os seus Interesses representam o que você quer realizar e suas Necessidades são basicamente onde você deseja realizá-los, então, os Comportamentos Habituais são como você escolhe fazer isso.

Na Figura 2.4, o diamante no quadrante Vermelho sugere uma pessoa que aprendeu o comportamento de assumir responsabilidades.

Seu Relatório de Estilo de Vida pode mostrar que, enquanto tiver fortes Interesses associados a uma cor, você gostará de realizar as tarefas de outra maneira com fortes preferências no tipo de ambiente em que optar por trabalhar. Algumas pessoas ficarão concentradas em um quadrante, enquanto outras poderão ficar espalhadas pelo gráfico todo em diferentes cores. O gráfico é uma maneira simples de visualizar e entender a complexidade natural de nossos comportamentos. Não existe um modo de ser melhor ou pior do que outro. O que importa é apreciar a profundidade e a variedade de nossas inclinações básicas e a fascinante diversidade da natureza humana.

Um profissional da área de Tecnologia da Informação (TI) disse que ficou agradavelmente surpreso por descobrir seu asterisco de Interesses bem distante do seu marcador de Comportamentos Habituais: "Eu sou uma pessoa de TI que adora *coaching*. Então, fiquei satisfeito porque meu diamante (Comportamentos Habituais) estava em Amarelo, mas o meu asterisco (Interesses) ficou em Verde".

Lisa Hart, uma consultora de Boston, acrescentou um toque interessante quando apresentou o gráfico colorido da avaliação Birkman. Antes de distribuir os Relatórios de Estilo de Vida em uma sala repleta de aspirantes a gerente em um seminário em 2011, ela colocou 4 pôsteres sobre cavaletes e escreveu em cada um deles as cores e seus atributos. Pediu, então, que os participantes ficassem em pé diante da descrição que mais combinasse com cada um deles.

Depois que os cerca de 40 profissionais – a maioria com idade entre 26 e 33 anos – correram para fazer suas escolhas, ela pediu que alguns explicassem que atributo os atraíra para lá. Alguns brincaram com a ideia de escolher a cor predileta ou a cor do time de futebol, mas um número incomum foi para o Vermelho, alegando que parecia ser uma boa descrição de liderança.

Quando os resultados reais da avaliação Birkman foram entregues a eles, houve muitas surpresas. Uma mulher descobriu que era Azul. O profissional sentado ao seu lado, que a conhecia do escritório já há algum tempo, disse que, com certeza, o resultado estava errado.

"Você, definitivamente, é Vermelho", ele reafirmou.

"Não", ela respondeu, "está correto. Sou Azul. Eu me considero uma pessoa criativa, mas fui treinada para ser mais Vermelho e o único lado de mim que vocês veem no trabalho é o Vermelho."

Sua avaliação Birkman mostrou que ela é Vermelho em seus Comportamentos Habituais, mas Azul em Interesses e Necessidades. Com essa informação em mãos, a mulher pôde mostrar a seus gestores, conta Lisa, que era melhor do que podiam imaginar em planejamento estratégico. Agora, ela também já sabe que deve nutrir seu criativo Azul ou acabará chegando a um ponto de estresse. Ser constantemente forçado a se comportar de modo contrário a suas tendências básicas causa conflitos internos que ninguém vê, mas que podem afetar o desempenho profissional e o bem-estar pessoal.

A esperança é que, com o poder do resultado de sua avaliação Birkman, essa aspirante a gerente possa se tornar mais confiante em relação a seus principais pontos fortes e se sentir mais bem preparada para explorar o espectro completo de sua personalidade. Com seu recém-conquistado autoconhecimento, ela pode lapidar um caminho de carreira mais compensador. Assim, quando ocupar um papel de liderança, fará o melhor uso de seus maiores talentos, trabalhando com mais satisfação para ela e para a empresa.

Necessidades

É complicado descobrir – e para a maioria das pessoas difícil de articular – quais são nossas Necessidades intrínsecas. As Necessidades Motivacionais referem-se ao ambiente em que preferimos viver e como recuperamos nossas energias. Em outras palavras, elas lhe contam o que você precisa para estar em sua melhor forma. Nossos Comportamentos Habituais podem ser flexíveis ou adaptar nosso estilo social ao que consideramos mais adequado. As Necessidades, no entanto, permanecem constantes. Caso suas Necessidades estejam no quadrante Azul, provavelmente, você precisará de um ambiente criativo para estar na sua zona de conforto.

O Método Birkman lhe oferece o vocabulário para começar uma discussão a respeito de suas Necessidades autênticas. No Relatório de Estilo de Vida, as Necessidades são representadas por um círculo, como mostra a Figura 2.5.

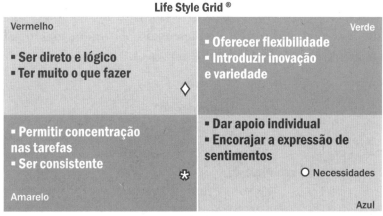

Figura 2.5 - O círculo das Necessidades: o que você precisa dos outros ™

Stephan Altena, de Munique, trabalha com executivos por toda Europa e Estados Unidos. Ele descreve a cultura do alto nível hierárquico como típica e profundamente Vermelho. Nos níveis mais baixos das empresas, eles não são "Vermelhos ainda", ele conta, mas os mais jovens tentam adaptar seus comportamentos a isso. Eles se moldam a qualquer estilo de trabalho que seja necessário para ser bem-sucedidos, exploram seus interesses fora do trabalho e se inclinam para suas necessidades longe do ambiente profissional. É a maneira deles de buscar o equilíbrio entre vida e trabalho: "Eles dizem a si mesmos: 'Minha vida fora do trabalho vai compensar meus esforços na empresa.'"

Colocando de outra forma, o Birkman dirá em que grau o comportamento Vermelho de uma pessoa combina com sua real personalidade e, então, indicará o que ela precisa fazer para recuperar a energia focada no trabalho. "O Birkman é uma boa ferramenta de *coaching* porque gira sempre em torno de trabalho e vida", afirma Stephan. É a única que combina comportamentos óbvios com comportamentos que não são visíveis para os outros – até mesmo para a pessoa que está fazendo a avaliação.

Estresse

Um aspecto crítico da análise Birkman é a capacidade de evidenciar o comportamento do Estresse, que tende a ser cumulativo e vai se manifestar quando suas Necessidades não estiverem sendo atendidas por um longo período de tempo. O Estresse é representado por um quadrado colocado sobre o círculo das Necessidades (Figura 2.6).

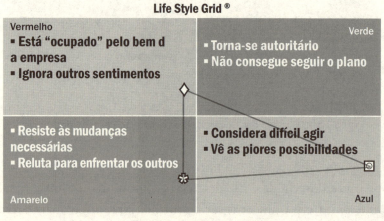

Figura 2.6 – O quadrado do Estresse

Para a maioria das pessoas, os outros não conseguem ver nossas Necessidades interpessoais mais profundas, portanto, temos que assumir a responsabilidade de fazê-las ser atendidas. Quando falhamos nisso, corremos o risco de entrar em nossa zona de desconforto – e no temido comportamento de Estresse. Por essa razão, no gráfico, o quadrado do Estresse fica sobre o círculo das Necessidades. Como todos nós temos nossos pontos fortes produtivos, temos também o reverso da moeda de nossas motivações, que são os comportamentos frustrantes e improdutivos.

Muitas pessoas que fazem a avaliação Birkman apreciam o aspecto relacional do relatório de resultados no que se refere ao Estresse. Todos nós ficamos frustrados de vez em quando e todos nós temos um dia ruim vez por outra. Mas, embora todos estejam sujeitos a um momento de estresse, nós não demonstramos esse sentimento da mesma maneira.

Em Ottawa, Canadá, Jonathan Michael incentivou um parlamentar a seguir sua paixão fora do trabalho com base na pontuação elevada obtida em Interesses Literário e Musical. O advogado queixava-se de fadiga e da sensação de sobrecarga – não rara, se considerada a carga de responsabilidades que assumira. "Perguntei se escrevia poesia e o rosto dele se iluminou", conta Jonathan. O político, um advogado de Harvard ocupando uma cadeira na Câmara dos Comuns, também tinha uma veia poética, como o consultor descobrira em seu perfil. "Ele me contou que, quando estava em Harvard, escrevia poemas semanalmente", mas depois parou quando se tornou um advogado e parlamentar.

"Como advogado, você deveria escrever poemas", disse Michael a ele, incentivando-o a voltar aos versos. Depois, o parlamentar contou ao consultor que essa atitude influenciou sua vida; a poesia aliviava o estresse e lhe dava energia nova para retornar e fazer o que precisava ser feito. "É um ato de renovação para ele", Jonathan conclui.

Os símbolos juntos

Esses quatro símbolos – asterisco, diamante, círculo e quadrado (dois deles coincidentes) – formam um triângulo cujo tamanho, forma e posicionamento geral no gráfico têm um significado. Esses marcadores podem estar localizados em qualquer parte do gráfico, sendo observada uma pequena correlação entre Interesses e Comportamentos Habituais. As pessoas que têm Interesses e Comportamentos Habituais no mesmo quadrante são dominantes nas características dessa cor e devem se assumir assim. Como apresentam certa consistência e comportamentos previsíveis, isso pode tornar mais fácil para os outros entenderem e atenderem suas Necessidades. Também pode fazer com que a pessoa seja um pouco menos flexível para sair de sua zona de conforto e compreender as Necessidades dos outros tipos de personalidade.

Um triângulo grande demonstra um balanço comportamental mais abrangente com mais diversidade nos estilos sociais e uma abordagem mais ampla. Quanto maior a distância entre os símbolos de Comportamentos Usuais e das Necessidades, maior a probabilidade de que os outros não entendam as Necessidades básicas daquela pessoa, tornando-as mais difíceis de serem atendidas. Essa distância também indica que pode haver alguma confusão nas interações com essa pessoa. No entanto, as cores opostas podem ser uma vantagem: outros pontos fortes podem ser acionados quando necessário. Não importa que seu triângulo fique em um, dois ou três quadrantes; seus pontos fortes vão ficar bem claros.

Falando em cores

O Método Birkman é um dos mais utilizados instrumentos de treinamento pelo Walmart e recebe aprovação particular dos gestores de equipes de nível médio, afirma Stacey Mason, de Bentonville, que passou 18 anos na empresa antes de iniciar sua própria consultoria em 2008.

O Birkman é usado para endereçar as necessidades dos participantes em programas de treinamento e também para solucionar problemas em toda a companhia. "Eu recebia um telefonema do Sam's Club ou da divisão farmacêutica, pedindo uma solução para melhorar a comunicação da equipe ou aumentar o desempenho de alguns integrantes do grupo", ela conta.

Stacey passou a maior parte de sua carreira na área de logística do Walmart antes de seguir para treinamento organizacional, onde se tornou a diretora executiva para o desenvolvimento de lideranças. Como a companhia utiliza o Birkman há bastante tempo, os funcionários já são fluentes na linguagem das cores, como explica Stacey: "Não há dificuldade de entendimento quando eles estão navegando nos relacionamentos pessoais. As pessoas simplesmente dizem umas para as outras como querem ser tratadas ou como preferem realizar seu trabalho. É só dizer: 'Sou Amarelo dominante'. Isso é normal entre os funcionários".

Para explicar os papéis no ambiente de trabalho e como se relacionam com o Relatório de Estilo de Vida, o departamento de treinamento corporativo do Walmart conta com um exercício divertido de capacitação dos participantes. As pessoas são distribuídas em grupos nas 4 cores e devem imaginar que estão indo fazer uma hipotética viagem de ônibus, levando um grupo de crianças para a Disneylândia.

"Nós conversamos com as pessoas em cada grupo e explicamos as necessidades de cada cor durante a viagem. Elas assumiriam a perspectiva de cada cor ao longo do trajeto de ônibus. Se você estivesse no grupo Azul, diria como é legal estar fazendo isso por aquelas crianças e o que isso significaria para o contexto da sociedade. Os Verdes já subiriam no ônibus e estariam cantando no karaokê, enquanto outros curtiriam no Facebook. Os Vermelhos só permitiriam uma ida ao banheiro e, mesmo assim, na parada de reabastecimento do ônibus. E seriam muito claros sobre a hora da partida: 'Toda manhã, vocês devem estar no ônibus às 6 horas, ou seja, às 5h30!' Os Amarelos levariam pacotes de salgadinhos e estojos de primeiros socorros. Pegariam também um GPS, um atlas e um mapa impresso das estradas, além de distribuir formulários assinados pelos pais entre as crianças", relata Stacey.

O MÉTODO EM AÇÃO: CONSTRUINDO EQUIPES

O Birkman é uma ferramenta efetiva de construção e manutenção de equipes desde uma pequena unidade de projetos até aqueles grupos reunidos por um distante escritório global para alcançar metas desafiadoras e virar o jogo com a concorrência. A maioria dos times compreende a tarefa que está diante deles e a maioria dos escolhidos para fazer parte deles realiza muito bem seu trabalho. As equipes costumam falhar é na comunicação e nas escolhas conflitantes para realizar o trabalho. O Birkman indica as diferenças e os estilos individuais, ensinando a cada integrante do time como tirar vantagem desses contrastes para alcançar uma meta comum.

Lembre-se de que as cores também representam a progressão que coloca as ideias em prática: Azul para a estratégia, Verde para persuadir os outros a adotar a ideia, Vermelho para a implementação e Amarelo para manter o processo em andamento. Um negócio precisa de consistência em todas essas etapas. O Birkman possibilita que os líderes vejam o perfil de personalidade de sua companhia como um todo ou de qualquer unidade ou equipe dentro dela. Dessa forma, conseguem avaliar se já contam com o equilíbrio necessário para avançar estrategicamente.

Essa fotografia tem importância vital e crescente para as empresas em que as equipes precisam ser formadas ou reconfiguradas rapidamente para atender demandas urgentes. No passado era mais comum contar com times trabalhando juntos por longos períodos de tempo, possibilitando que os colegas formassem vínculos e aprendessem a aparar arestas para trabalhar melhor. Agora que as equipes se formam de uma hora para outra, é crítico que haja um meio para que o gestor veja o grande quadro e compreenda a contribuição de cada um para o todo.

Criando lideranças mais efetivas

A vice-presidente de uma empresa classificada entre as 100 maiores da revista *Fortune* usou o Método Birkman para conquistar um multibilionário contrato governamental. A proposta para a concorrência exigia o trabalho conjunto de centenas de funcionários com uma ampla gama de habilidades e diferentes especialidades. A companhia perdera da primeira vez que apresentou sua proposta, mas, por causa de algumas tecnicalidades, recebeu uma segunda chance.

A vice-presidente, recém-chegada ao esforço de estruturar a proposta, pediu à consultora Connie Charles, de Delaware, para ajudá-la a montar rapidamente uma equipe forte de líderes para estar à frente do projeto e vencer a concorrência. "Para vencer, precisávamos criar uma cultura inteiramente diferente e uma nova forma de trabalho em conjunto", disse a executiva.

Essa equipe vital – formada por pessoas com especialidades diversas em engenharia, finanças, gestão de fornecedores e desenvolvimento de negócios – não estava acostumada a trabalhar junto. "O time veio de diferentes áreas da companhia com suas características intactas: compensação, níveis hierárquicos e processos internos eram todos diferentes – e não iam mudar!"

Por causa da complexidade e da importância crítica desse projeto para a corporação, a consultora sabia que os funcionários trabalhariam em uma panela de pressão. Ela contava com a capacidade do Birkman para lhe antecipar como todo esse estresse afetaria o comportamento dos integrantes do time nesse trabalho em conjunto. Então, confiou nas informações do relatório para ajudar os integrantes da equipe a evitar os comportamentos de estresse e trabalharem juntos com rapidez e eficiência.

Diante de prazos muito restritos, a consultora sabia que era preciso contar com relacionamentos interpessoais sólidos: "Por causa da precisão dos dados do Birkman, sabíamos de onde viriam os problemas e rapidamente conseguimos que as pessoas se unissem para resolvê-los. Nós não apenas ajudamos a equipe a construir um relacionamento forte, nós também fomos capazes de identificar os pontos cegos no processo de elaboração da proposta", diz Connie.

As pontuações Birkman, por exemplo, sugeriram que eles seriam excelentes jogadores em campo já que as avaliações pessoais mostravam de modo consistente que a maioria preferia ser recompensada como grupo a receber reconhecimento individual. Mas o idealismo deles estava provocando um "ponto cego competitivo", explicou Connie. Os funcionários assumiram que todo mundo joga pelas mesmas regras e, por isso, o cenário competitivo seria de alto nível. Isso os fez negligenciar como os concorrentes estavam tentando virar o jogo em favor de si mesmos. Como resultado dessa leitura da perspectiva e das motivações da equipe, Connie foi capaz de ajudar os funcionários a identificar como gerenciar de maneira mais agressiva os fatores competitivos do processo de formação da proposta.

A companhia concluiu e submeteu a nova proposta dentro do prazo e o time ficou satisfeito com o trabalho realizado. Mas as avaliações Birkman possibilitaram outra informação relevante: havia um viés autocrítico bastante forte entre os funcionários participantes da equipe. A consultora sabia que, se perdessem a concorrência, os integrantes do time iriam se responsabilizar pela derrota. Assim, antes que o resultado fosse anunciado, Connie sugeriu ao presidente executivo que agradecesse a equipe para que todos compreendessem que o trabalho deles fora realmente apreciado. "Se perdessem", conclui Connie, "o time ficaria tão devastado e autocrítico que o agradecimento nem seria ouvido."

Mas a notícia foi positiva: a empresa conquistou o grande contrato e Connie continuou a dar apoio aos 500 funcionários responsáveis pela execução da proposta vitoriosa.

Começando do zero

Poucos outros setores são tão exigentes quando se trata da necessidade de fazer uma equipe trabalhar com eficiência quanto o esportivo. Seja o time que entra em campo ou em quadra, seja a turma administrativa que atua nos bastidores, os departamentos de esportes tendem a estar em um constante e rápido ciclo de se estruturar e seguir adiante.

Quando um técnico de primeira linha é demitido ou atraído para uma nova posição, isso significa um grande movimento. Em geral, o resultado é o encerramento dos contratos de todos os envolvidos: desde a pessoa que coordena a equipe de vídeo até o diretor de operações, afirma Mary Ruth Burton, de Richmond (Virgínia). Ela é um dos consultores que foram solicitados para aplicar o Método Birkman em jogadores e administradores de equipes atléticas universitárias e profissionais. "Quando um técnico sai, o diretor atlético tem que contratar toda uma nova equipe técnica em duas semanas. A velocidade e a intensidade com que isso acontece deixariam os executivos norte-americanos aturdidos", garante Mary Ruth.

A pressão é especialmente intensa porque os administradores atléticos sabem que a carreira deles depende de contratações bem-sucedidas, principalmente do técnico chefe e de sua equipe. Os diretores esportivos e os técnicos mais experientes fazem pesquisas e constroem relacionamentos com candidatos em potencial para ocupar essas posições. Mas escolher o candidato certo e reunir as personalidades em uma equipe eficiente pode ser um pesadelo organizacional. É importante, afirma Mary Ruth, contar com uma equipe técnica com diversos estilos e preferências de trabalho para lidar com uma ampla gama de demandas – da forte pressão por resultados e vitórias até acolher e desenvolver os atletas mais jovens.

Nos Estados Unidos, a divisão de esportes universitários, formada por mais de 347 faculdades, é particularmente volátil. Mary Ruth fazia *coaching* executivo com Norwood Teague, que liderava uma equipe de 60 pessoas como diretor atlético da Universidade Comunitária da Virgínia, quando, de repente, em junho de 2012, ele conquistou o mesmo cargo na Universidade de Minnesota, que está entre as 10 maiores do ranking. Ela o ajudou a se preparar para ocupar uma posição de liderança muito maior na qual deveria reestruturar a equipe técnica responsável por mais de 700 atletas universitários, integrantes de equipes dos mais diversos esportes – desde as modalidades olímpicas até basquete feminino e masculino, futebol e hóquei no gelo.

"O setor esportivo tem um ritmo acelerado e exigente", diz Norwood. "Nós temos que ser estratégicos, mas também é preciso tomar decisões rapidamente. O Birkman é uma ótima ferramenta para conseguir colocar as pessoas nos papéis certos e formar uma equipe capaz de fazer entregas depressa."[2]

Mary Ruth começou com o *coaching* executivo para ajudar Norwood a desenvolver estratégias. Ela, então, entrevistou seus líderes de equipe, assim como uma longa lista de pessoas dentro e fora do departamento atlético que tinham uma participação em seu futuro: equipe, técnicos, as-

---

2 Norwood Teague em e-mail enviado a Mary Ruth Burton em 29 de outubro de 2012.

sistentes técnicos, treinadores, vendedores de cotas de patrocínios, funcionários da reitoria e doadores do departamento atlético. Ela estava compreendendo as expectativas e as metas do departamento – "Nós queremos que eles vençam", "Nós queremos que mantenham a conexão conosco", "Nós queremos que desenvolvam os atletas universitários" – para ajudar os novos administradores a traçar um plano para atender essas diversas demandas. Então, aplicou o Birkman para determinar quais pontos fortes eram necessários para implementar esse plano. "Caso fossem todos Vermelhos e Verdes, podiam ser bons para levantar recursos e alcançar resultados, mas seriam bastante reflexivos e planejadores para garantir o futuro?", pergunta Mary Ruth. "Quando os pontos fortes estão claros, o Birkman indica o caminho para que o líder Vermelho trabalhe no plano ou peça ajuda."

Os administradores, por fim, estão orientando um grupo de jovens – em campo ou em quadra – com um olho na qualidade de seus estudos e outro no desenvolvimento de suas responsabilidades como adultos. Dessa forma, Mary Ruth pensa nas equipes técnicas como se fossem famílias. Uma de suas preocupações é manter todo mundo alerta contra os comportamentos de Estresse. Com um grupo de 700 estudantes com idade entre 18 e 21 anos, existe muita ansiedade em relação ao bem-estar dos atletas, seu sucesso esportivo e o desempenho acadêmico.

A consultora também estará preparada para contratar novos técnicos quando Norwood precisar deles. Por enquanto, ela se assegura de que ele consegue preencher as férias com as pessoas certas nas posições certas. Mary Ruth não contrata com base nos perfis do Método Birkman, mas aplica as avaliações para compreender os pontos fortes inatos dos candidatos – dados estatísticos, logística, preparação motivacional ou criação de novas abordagens para a vitória – que os atrai para o trabalho em primeiro lugar.

Assim que os funcionários estão contratados, ela utiliza o mesmo relatório Birkman para colocar "todo mundo na mesma página" e começar a trabalhar juntos imediatamente. "Nós realizamos sessões de desenvolvimento dos funcionários, dos técnicos e administradores para acelerar a compreensão dos pontos fortes de cada um, das necessidades motivacionais e dos comportamentos reativos", ela conta. "Um bom administrador ou técnico vai conseguir descobrir esses fatores por tentativa e erro, mas o Birkman é a garantia de ter acesso a isso desde o início."

Um estranho no ninho

Um dos problemas mais típicos que os consultores da Birkman são chamados para lidar ocorre quando uma equipe tem um ou dois integrantes que parecem estar sempre em desacordo com os colegas, apesar de serem funcionários qualificados contribuindo à sua maneira.

Uma *start-up* de tecnologia da Califórnia enfrentou esse problema quando percebeu que um membro de uma equipe importante estava sempre batendo de frente com seus colegas. A consultora Betsy Cole, de Waltham (Massachusetts), participou de uma reunião regular do time para observar como aquelas pessoas criativas geravam novas ideias. O *brainstorming* foi impressionante e ela pôde perceber que todos ficaram satisfeitos com o resultado. Mas o vice-presidente de operações parecia exasperado e, depois de cada boa ideia, ele repetia: "Ok, então, o que vocês vão fazer a respeito disso?"

Quando todos puderam ver seus relatórios Birkman, eles descobriram a fonte da discórdia. A maioria era Azul e, portanto, focada em ideias. Tinham pouca paciência para ir além dos conceitos e começar a executar as ideias. De repente, o papel do VP (vice-presidente) de operações – um Vermelho, um funcionário respeitado e valioso – ficou claro e evidente. Ele não estava sendo destrutivo em relação às ideias dos outros; ao contrário, ele queria que as ideias dessem certo, mas sabia que as propostas ficariam naquela sala a menos que eles encontrassem aplicações práticas.

"Ele se tornou mais apreciado", conta Betsy, que se sentou com eles em mais uma reunião criativa. "Eles começaram a dizer: 'Vamos passar isso para o Tim'. Viram que estava errados e passaram a confiar no VP para ajudá-los a seguir na direção certa."

Avaliações de desempenho aperfeiçoadas

Steve Foster, gerente regional da Redefine Hotel Management, com sede na Inglaterra, utiliza o Método Birkman para realizar avaliações de desempenho com 10 gerentes gerais que integram a equipe de 180 funcionários distribuídos por todo o país.

"Antes de usarmos o Método Birkman, as avaliações eram mais centradas no que chamávamos de conjunto de padrões", ele explica. "O problema é que o foco não estava nas pessoas, mas nas evidências de que o funcionário *estava* desempenhando. A avaliação também tinha uma tendência de se tornar emocional e, então, as conversas mais importantes eram evitadas naquele momento."

Esse conjunto de padrões, ele acrescenta, verificava simplesmente se o gerente-geral havia feito avaliação de desempenho com seus subordinados a cada seis meses em vez de avaliar a qualidade das avaliações. Ao olhar para o trabalho do gerente-geral, por sua vez, a avaliação antiga tendia a checar somente a pontuação alcançada no relacionamento com os clientes pelo hotel administrado por ele: "Se a pontuação fosse boa, nós assumíamos que a equipe estava feliz, o que, com certeza, nem sempre era verdade. Agora nós olhamos para a personalidade do gerente-geral e como isso contribui para a pontuação".

A consultora inglesa Tasneem Virani introduziu o Método Birkman na administração do hotel em junho de 2012 e o utilizou para customizar as avaliações de desempenho às competências chave e aos treinamentos associados ao trabalho nas diversas funções existentes na empresa. "O Birkman permite uma compreensão clara dos interesses que movem o desempenho de uma pessoa nas diferentes áreas de seu emprego. Isso é importante para o *coaching* individual, de acordo com as necessidades de sua personalidade", afirma Tasneem. "O método sempre ajuda o gestor a oferecer uma abordagem mais centrada na pessoa."

Steven avalia que o Birkman divide a conversa em partes de forma a apoiar o gestor a identificar seus próprios pontos fortes e como isso ajuda a equipe a conquistar suas metas. "O método oferece uma abordagem detalhada sobre como conduzir conversas difíceis que, às vezes, preferimos evitar ou não queremos ter. Como as respostas são oferecidas pelos próprios gerentes gerais, fica mais fácil falar sobre todos os aspectos", garante Steven.

O relatório de avaliação de desempenho do Birkman oferece diretrizes aos gestores sobre o que evitar ou como treinar um funcionário, dando sugestões para otimizar seu desempenho. Por exemplo, um perfil do Birkman, não relacionado ao caso do grupo hoteleiro, incluía as seguintes orientações no tópico "Sugestões para oferecer *coaching*" a um determinado funcionário:

- Expresse seu reconhecimento pessoalmente, mas sem demonstrar sentimentos excessivos.
- Nas situações de maior pressão, dê atenção especial e pessoal a ela.
- Aplique as regras e os padrões de modo uniforme para obter a máxima cooperação.
- Quando possível, deixe que as mudanças sejam uma questão de escolha.
- Permita que ele tome iniciativas e tenha liberdade de pensamento e ação.

"Agora, conseguimos realmente discutir o futuro do funcionário e o foco de suas necessidades de desenvolvimento para assegurar que a empresa conte com seu melhor desempenho", comenta Steven a respeito da nova abordagem. "Por causa da facilidade de aplicação do Birkman", ele finaliza, "o grupo hoteleiro planeja passar a utilizar o método como parte do processo de avaliação de desempenho dos gerentes gerais e seniores de todas as unidades."

Capítulo 3

Os Componentes: 11 marcadores de personalidade

O Método Birkman aborda a vasta sofisticação da personalidade humana olhando para cada indivíduo como se fosse um quebra-cabeça. Imagine uma fotografia do seu rosto toda recortada em pecinhas. Separadamente nenhuma delas nos informa muito sobre você, mas, quando juntamos peça por peça, começamos a ver o quadro completo. O Birkman divide nossos padrões de comportamento em partes gerenciáveis, tornando mais fácil compreender nossa personalidade. Entre essas peças, as mais críticas são os 11 Componentes relacionais.

Em um relatório completo da Birkman, as respostas da avaliação que você fez, como parte desse livro, são analisadas e a pontuação é classificada no espectro de cada um dos Componentes. Tomados como um todo, esses aspectos ajudarão você a colocar em ordem prioritária seus atributos mais fortes e motivações mais poderosas. Esses pontos fortes devem ser bem identificados e cultivados, porque você precisa saber quais são eles e quando não estão em seu melhor desempenho para que não se tornem sua destruição.

As pessoas que fazem a avaliação Birkman com o relatório completo mantêm os resultados sobre os Componentes em suas mesas de trabalho ao longo de suas carreiras como uma referência de autogerenciamento.

Porém, mesmo que você não tenha optado pelo relatório completo da avaliação Birkman, vai encontrar informações úteis nos próximos capítulos sobre como algumas partes críticas de sua personalidade podem afetar seus relacionamentos dentro e fora do ambiente de trabalho.

Os 11 Componentes chamados de Necessidades relacionais são:

1. Estima – no relacionamento individual com as pessoas.
2. Aceitação – no relacionamento com as pessoas em grupo.

3. Estrutura – sistemas e procedimentos.
4. Autoridade – direcionamento e controle.
5. Vantagem – incentivos e competitividade.
6. Atividade – ritmo preferido de ação.
7. Empatia – envolvimento dos sentimentos.
8. Pensamento – avaliando ação e reflexão.
9. Liberdade – independência pessoal.
10. Mudança – como você lida com ela.
11. Desafio – demandas autoimpostas.

O espectro (que vai de 1 a 99) oferece uma visão do *continuum* geral do comportamento social normal. Nenhum dos Componentes do Birkman pode ser lido isoladamente. Dois ou mais Componentes podem se combinar para aumentar e intensificar determinados comportamentos ou, ao contrário, para conter certas tendências. Por essa razão, os Componentes relacionais são pareados principalmente por tópico, embora um consultor experiente saiba como analisar a inter-relação entre todos eles. Olhando para a pontuação dos Componentes, nós perguntamos: As pontuações são baixas? São altas? Qual é a mais alta? Qual o tamanho da distância entre as pontuações? Vistos em conjunto que os Componentes oferecem um retrato preciso da personalidade da pessoa.

Nós apresentaremos várias combinações ao longo dos próximos capítulos. Nosso propósito aqui, no entanto, é oferecer uma compreensão básica das características observadas e como a consciência delas pode tornar a sua vida mais fácil; isso não é capacitar você a se tornar um especialista na análise dos resultados da avaliação.

Os Componentes podem ser instrumentos valiosos para contratar e promover profissionais. São usados para combinar os atributos do candidato com os requisitos da função, complementando, mas não substituindo, o currículo e o processo de entrevistas. É uma posição que requer muita atividade? Ou precisaria de um profissional bem reflexivo? O trabalho exige comunicação constante com grupos de pessoas?

Peter Capodice, de Sarasota (Flórida), fez essas e outras perguntas quando foi solicitado para ajudar a preencher uma posição de liderança em uma rede de restaurantes de Tampa. Seu objetivo era usar os Componentes para encontrar o melhor candidato possível e também para prever melhor a compatibilidade entre o perfil e a posição a ser ocupada. A principal questão a ser levada em consideração era: existe uma forma de identificar alguém que tenha mais chances de ser bem-sucedido e que permaneça na posição por um longo prazo?

A retenção de talentos é um dos problemas mais críticos nos negócios, especialmente nas grandes empresas, que podem investir centenas de milhares de dólares buscando por um executivo e, então, descobrir que será preciso gastar novamente a mesma quantia porque o profissional não deu certo na posição. "Em processos seletivos, existem pessoas que são ótimas para entrar em cena, mas depois de 90 dias o show muda. Nós queríamos aprender a desnudar o comportamento na entrevista para conseguir ver o que realmente motiva o profissional", lembra Peter.

Os Componentes o ajudaram a enxergar além e abaixo da superfície dos Comportamentos Habituais, que são os visíveis, para revelar as Necessidades relacionais e as motivações em relação ao trabalho. Para o cliente, ele estruturou um modelo destinado a predizer e prevenir a contratação de um candidato incompatível com a posição. Caso haja mais do que dez diferenças entre o perfil do candidato e as exigências do cargo, o contratante deve considerar que os dois são incompatíveis. Vamos supor que o profissional tenha como característica a comunicação direta e que a função exija mais comunicação indireta. Aqui está a diferença número 1. Além disso, o gerente com quem o novo funcionário terá que se relacionar é extrovertido e o candidato é introvertido. Essa é a diferença número 2. As obrigações do cargo pedem alguém altamente organizado e o candidato é espontâneo. Essa é a terceira diferença e segue assim por diante.

Algumas diferenças, claro, podem ser solucionadas com facilidade e, dessa maneira, são toleráveis. Peter recorda que uma vez trabalhou para uma empresa de Boston na qual o presidente executivo, que teve pontuação 91 em Interesse Artístico, fazia questão que as apresentações profissionais fossem agradáveis também sob o ponto de vista estético. Em compensação, seu vice-presidente de venda de franquias obteve pontuação 18 em Interesse Artístico e era um profissional do tipo "apresentações apenas em tópicos". Para fazer a dupla trabalhar em harmonia, a equipe do vice-presidente passou a contar com alguém para transformar seus slides "em algo mais apresentável".

Para a rede de restaurantes, Peter recorreu aos milhares de nomes de executivos de franquias integrantes de seu banco de dados, estruturado ao longo de sua carreira como consultor, que ele utiliza para combinar as posições abertas pelos clientes e os possíveis candidatos. Ele encontrou um executivo com bastante experiência na área e não existiam diferenças significativas entre os Componentes do candidato e os do presidente da empresa. No máximo, havia duas diferenças entre o candidato e os outros quatro executivos da contratante. Além disso, entre suas características, estavam "ser um bom planejador estratégico" e a "capacidade de execução de planos" – dois atributos que o Birkman valoriza. Dessa forma, em 2012, esse profissional estava desempenhando muito bem seu cargo. "A beleza do Birkman é que o método mostra que as pessoas são muito diferentes, mas que algumas podem combinar com a cultura e oferecer a uma organização o que ela precisa aprender e crescer", destaca Peter.

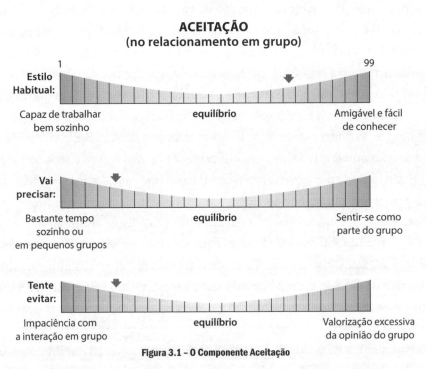

Figura 3.1 – O Componente Aceitação

Comportamento habitual, necessidade e estresse

No capítulo anterior, nós lhe apresentamos seus Interesses e os três aspectos básicos da sua personalidade, contemplados pelo Birkman. O Relatório de Estilo de Vida apresenta uma visão geral deles e faz uma síntese das suas respostas na avaliação. Agora, quando olhamos mais de perto para os Componentes relacionais, nós retornamos a essas três importantes dimensões para lhe mostrar como elas influenciam o dia a dia de nossas vidas.

O resultado de cada Componente no relatório Birkman completo é ilustrado como um ponto em três barras com pontuação entre 1 e 99 e cada uma é igualmente importante à outra. Uma pontuação numérica refere-se ao Comportamento Habitual, outra às Necessidades e a terceira é a contrapartida em Estresse. As pontuações são apresentadas em três níveis. O Comportamento Habitual e as Necessidades devem ser vistas como trabalhando juntas – um par de lentes através do qual vemos a nós mesmos e aquilo que esperamos dos outros. O terceiro nível descreve como se expressa seu comportamento de Estresse quando suas Necessidades não são atendidas. Dessa forma, os Componentes ajudarão você a visualizar o mistério: para identificar seus pontos fortes, você precisa reconhecer suas fraquezas. Ao contrário das pontuações referentes às áreas de Interesse, essas classificações não são comparativas com o cenário geral; em vez disso, representam a intensidade de cada aspecto de sua personalidade, significando o seguinte:

1-10	Extremamente intenso
11-39	Moderadamente intenso
40-60	Identificação com aspectos da alta e da baixa pontuação
61-90	Moderadamente intenso
91-99	Extremamente intenso

Nós abordamos brevemente o aspecto multidimensional das pontuações da avaliação Birkman e como elas se relacionam com o Relatório de

Estilo de Vida. Aqui revisamos os três pontos de vista da Birkman e como se relacionam com os 11 Componentes.

Comportamento Habitual

Nosso Comportamento Habitual descreve como nos apresentamos ao público e interagimos produtivamente no ambiente de trabalho e na nossa arena diária. Em outras palavras, aqueles que estão ao nosso redor podem observar esse comportamento se manifestar. É o comportamento social, aquele que aprendemos a usar para estar perto dos outros e que nos serve bem. Em sua natureza, é sempre visto como positivo, porque nosso Comportamento Habitual, por ser maleável, é a maneira mais fácil que temos para nos adaptar e modificar enquanto navegamos por nossos dias.

Necessidades

Os outros não conseguem ver facilmente esses diferenciadores críticos. Os atributos motivacionais que o Birkman denomina de Necessidades são exclusivas de nossa avaliação e têm uma importância enorme. É pelo atendimento das Necessidades que recuperamos e mantemos nosso equilíbrio emocional e continuamos produtivos. É por isso que começamos a dar sinais de angústia quando nossas Necessidades deixam de ser atendidas por um longo período de tempo. Muitas ferramentas psicológicas classificam as pessoas por seus Comportamentos Habituais, mas poucos se aprofundam em relação a essas Necessidades vitalmente importantes. No entanto, se quisermos nos gerenciar e alcançar um grau mais elevado de inteligência emocional, temos que ser capazes de identificar com precisão nossas Necessidades no relacionamento com os outros.

"Se conseguirmos assegurar que as pessoas mais próximas a nós compreendam as nossas três Necessidades mais importantes, isso pode transformar nossa vida", afirma o consultor Steve Cornwell, de Atlanta. Então, é preciso dar um passo adiante e entender as Necessidades das pessoas relevantes no nosso mundo, sejam colegas de trabalho, chefe, familiares ou outras mais significativas. Esse processo pode ser difícil. O ponto mais fascinante em relação às pessoas é a nossa diversidade natural; com frequência, acabamos tendo Necessidades diametralmente opostas às das pessoas que nos rodeiam no dia a dia. Mesmo assim, temos que encontrar um meio para estar juntos e compreender uns aos outros com o objetivo de realizar tarefas e ser feliz no processo. O Método Birkman ajuda você a superar a frustração e alcançar esse objetivo.

Estresse

O Estresse inclui todos aqueles comportamentos contraproducentes que assumimos quando nossas Necessidades não são atendidas. Como o Comportamento Habitual, o Estresse é fácil de ser observado. E não é nada bonito. Nem sempre nós gostamos de admitir que temos esse tipo de comportamento, mas as pessoas ao seu redor podem ajudar você a compreender como se comportar sob Estresse no mundo exterior.

O Estresse pode ser sutil, mas é destrutivo. Quando irrompe no ambiente de trabalho pode afastar colegas, inviabilizar equipes, interromper projetos e até mesmo sabotar uma carreira. Um dos principais objetivos da Birkman é ajudar você a minimizar o tempo desperdiçado com o Estresse. Ao tomar consciência do que acontece, você consegue evitar os comportamentos autodestrutivos do Estresse. Quando aprende a identificar os primeiros sinais de alerta, pode rapidamente se afastar da situação e retomar o fluxo da produtividade. Em uma linguagem simples, a avaliação Birkman lhe oferece a aparência de seus comportamentos de Estresse. Será possível, inclusive, lhe contar especificamente – pelo resultado de seus Componentes – como os seus comportamentos de Estresse são percebidos pela pessoa com quem você está lidando e que tem uma perspectiva diferente da sua. É nesse ponto que os relatórios comparativos da avaliação Birkman são mais valiosos para colegas de trabalho. "Use as informações do Birkman para dar *coaching* para você mesmo e, quando estiver estressado, use o relatório para encontrar soluções para o que está lhe aborrecendo", acrescenta Steve. Conversar antes com um consultor da Birkman International vai esclarecer a complexidade revelada sobre sua personalidade. Mas depois das sessões iniciais de *coaching*, a maioria dos clientes acha mais fácil reler a narrativa da seção dos Componentes de seu relatório para fazer um autoajuste e manter a sintonia no dia a dia.

Mantenha-se positivo

Você não pode mudar as manchas de um leopardo, mas pode aprender a lidar com ele. As pessoas se beneficiam quando estimulam suas qualidades e se mantêm em seu ponto mais produtivo. Isso é importante para a empresa, mas é o melhor para você como pessoa. Quando você entende por que está frustrado, aborrecido e esgotado, pode gerenciar melhor essas questões doloridas e retornar aos aspectos positivos e produtivos de seus pontos fortes. Na linguagem do Birkman, a meta é ensinar você e os outros a lidar melhor com as disparidades entre os comportamentos externos positivos e as necessidades básicas para recarregar as energias.

Quando o Método Birkman é apresentado a um grupo que interage uns com os outros no ambiente de trabalho ou em qualquer outra situação, começa a surgir entre as pessoas um novo tipo de diálogo mais estimulante das necessidades de cada indivíduo.

Um consultor experiente sabe como analisar a inter-relação dos 33 números resultantes do relatório completo de Componentes e, especialmente, o significado das pontuações em Comportamentos Habituais e em Necessidades. O detalhamento oferecido pelo Birkman é notável e as informações são reveladoras – as pessoas não falam disso consigo mesmas e muito menos com seus colegas. O método revela verdades e sutilezas sobre as demandas e o desempenho no ambiente de trabalho que, de outra forma, permaneceriam inarticuladas.

O chefe mais adequado para você é o que tem uma abordagem mais pessoal, perguntando sobre sua família e filmes favoritos quando faz uma parada ocasional para conversar? Ou você prefere um chefe direto e sensato que passa instruções em tópicos e envia e-mails com um plano de ação claro? O tipo de gestor que você realmente prefere pode não ser aquele que você vê, em geral, como o chefe ideal. Em compensação, pode não ser também a figura de autoridade que todo chefe deseja ser. A avaliação Birkman vai indicar o que combina melhor com você no ambiente de trabalho, oferecendo informações valiosas sobre produtividade e como melhorar a comunicação entre o gestor e os funcionários da equipe direta.

Na miríade de combinações de fatores no relatório de personalidade, todo mundo terá suas vantagens e desvantagens. Visto como um todo, o relatório descreve o que você precisa para a autorrealização, como se relaciona com os colegas e as pessoas mais próximas e como os outros ao seu redor veem você. Mostrar como o estilo individual afeta os outros já abriu milhares de olhos em ambientes de trabalho ao redor do mundo, seja de profissionais lidando com subordinados, clientes, colegas ou gestores. O feedback da avaliação oferece a base para que se inicie um novo tipo de conversa.

O MÉTODO EM AÇÃO: NEGOCIAÇÕES

O Birkman é frequentemente usado com grande vantagem em todos os tipos de negociações, especialmente naquelas em que a compreensão profunda da motivação e disposição mental das pessoas sentadas à mesa pode auxiliar o andamento das conversações. O ponto central do Birkman, afinal, é ensinar a reconhecer as diferenças e, então, criar harmonia onde as concessões pareciam mais difíceis.

Dana Scannell, de Newport Beach (Califórnia), tem utilizado o Birkman com sucesso desde o final de 1990 no papel de consultor de um grande sindicato, acompanhando as negociações com uma companhia aérea dos Estados Unidos. Ele conseguiu facilitar a negociação das definições de um contrato de quatro anos, representando os interesses de milhares de trabalhadores. Como estava atuando em favor do sindicato, Dana dispunha de poucas informações sobre o outro lado da mesa. Mas os sindicalistas tinham seus relatórios em mãos e estavam familiarizados com o vocabulário do Birkman; Dana os ajudou a usar seus próprios resultados para entender o pensamento dos outros negociadores.

"O clima na pequena sala de negociação na sede da empresa já havia se tornado sombrio ao longo dos dois anos em que as conversas se arrastavam", Dana relembra. "Havia uns 20 participantes, incluindo 4 negociadores e 4 advogados de cada lado, amontoados na sala em volta de uma mesa em formato de quadrado aberto. As conversas eram formais, mas os paletós ficaram dependurados na porta, portanto, a maioria dos homens estava de camisa e gravata. Mês a mês os negociadores construíram alguma cordialidade entre eles, mas o clima geral era litigioso, enquanto os administradores aumentavam a pressão para estancar os danos causados pela falta do contrato de trabalho. O diálogo avançava a passos de tartaruga e havia pouco o que mostrar pelo longo tempo já investido. Durante meses formou-se um sólido obstáculo em torno de salários, proteção contra terceirização, níveis hierárquicos e horas extras, entre outras questões importantes."

Dana, novo na posição, tinha que fazer algo para ajudar a alavancar o diálogo e elevar o ânimo dos sindicalistas, que estavam apanhando pesado em suas demandas e compensações. Por mais de um mês, ele teve reuniões quase diárias com o time, incluindo algumas maratonas que se estenderam até de madrugada. Ele voava para se encontrar com os sindicalistas na segunda-feira; participava das reuniões com o outro lado na terça, quarta e quinta; e se encontrava novamente com os sindicalistas na sexta-feira. Depois de cada rodada, Dana e os negociadores do sindicato se reuniam para conversar sobre o que acontecera. Esse cronograma tornou-se ainda mais pesado nas três semanas finais da negociação, quando os dois lados se encontravam seis dias de cada semana.

Então, a estratégia surgiu. "Olhamos para a equipe dos sindicalistas e nos perguntamos quem entre eles eram os mais parecidos com os negociadores da empresa. Sabíamos quem os incomodava – seus opostos. Então, dissemos: 'Não vamos provocar, vamos construir um relacionamento'", lembra Dana. "A maneira antiga", ele conta, "era começar falando um pouco sobre as próprias famílias: 'Ah, você tem três filhos?! Eu também!'. Mas os negociadores estavam acima desses clichês. 'Nós nos aprofundamos para ver o que realmente os motivava'", afirma ele, "seguindo a estratégia Birkman".

A equipe de negociadores do sindicato escolheu tipos com elementos fortes do Birkman para que pudessem se relacionar com seus semelhantes do outro lado da mesa. Por exemplo, um sindicalista com alta pontuação em Interesse Numérico deveria mostrar-se ao outro durante as conversas dizendo frases como: "Sei que agora chegamos finalmente ao ponto dos resultados" e "Esse é o lugar a que queríamos chegar", recorda Dana.

Outro sindicalista dirigia-se a um administrador considerado como um Azul com pontuação elevada em Componentes, sugerindo uma forte Necessidade de ver o bem comum de uma ação e sentir certo grau de liberdade individual. "Nesse caso, nós começávamos dizendo: 'Sei que temos que falar em números, mas é preciso fazer o melhor para todas as pessoas e isso também precisa fazer sentido para nós dois. Como isso parece para você? Esqueça que estamos em lados opostos da mesa. O que lhe parece correto e seria aceitável para mim?'", conta Dana.

De repente, as conversas começaram a evoluir. Anos de paralisia deram lugar a um debate vívido, repleto de disposição para se fazer concessões. Dentro de dez dias, o grupo tinha em mãos um contrato líder na indústria, que incluía acordos recordes – todos negociados em meio à recessão e a uma realidade econômica difícil para a empresa. Os sindicalistas conquistaram o contrato que toda associação de trabalhadores gostaria de contar, conseguindo mais em termos de valor das horas trabalhadas, proteção do emprego e benefícios de aposentadoria do que jamais haviam considerado possível.

No final das conversações, o presidente executivo da companhia aérea entrou na sala e apertou as mãos dos negociadores, dizendo: "Temos um acordo". Dana nunca tinha visto um gesto daqueles em todos os seus anos trabalhando para sindicatos. O que o presidente executivo disse a seguir foi mais do que uma surpresa. Ele se dirigiu a Dana e falou: "Sei que você trabalha para o outro lado, mas precisamos conversar".

E perguntou se o sindicato emprestaria Dana para um projeto com tempo limitado para melhorar o serviço aos clientes. Todos concordaram. "O presidente executivo entendeu o que aconteceu ali", conta Dana, "e ficou impressionado com os resultados".

Capítulo 4

SUA ZONA DE CONFORTO NA COMUNICAÇÃO: ESTIMA E ACEITAÇÃO

O Método Birkman começa pelos dois Componentes que melhor expressam suas tendências no que se refere à comunicação, a chave fundamental da liderança eficiente e dos bons negócios – não importa em que lugar você esteja da hierarquia. É difícil para alguém desenvolver relacionamentos de confiança sem contar com uma boa habilidade de comunicação. No entanto, até o mais articulado profissional pode se tornar pouco comunicativo quando entra em conflito com o estilo de trabalho dos outros. A maioria das pessoas é bem-intencionada, mas sem contar com alguma assistência é difícil conseguir ver algo sob a perspectiva dos outros. Dessa forma, uma ferramenta objetiva como o Birkman pode ser de grande valia.

A avaliação lança um olhar analítico para seu estilo de comunicação, medindo dois Componentes relacionados com nossas formas de socialização. Birkman os denomina de nossas

- Necessidades de Estima – no relacionamento individual com as pessoas
- Necessidades de Aceitação – no relacionamento com as pessoas em grupo

Com esse par de Necessidades, assim como com os demais Componentes, as pontuações vão oscilar entre o comportamento extrovertido (representado na área superior do Relatório de Estilo de Vida) e o introvertido (na área inferior). Em termos de comunicação, na classificação de extrovertido as pontuações serão baixas para Estima e altas para Aceitação. Em contrapartida, as pessoas com grande Necessidade de Estima e pouca

Necessidade de Aceitação, ou sociabilidade, tenderão à introversão e deverão ficar situadas na parte inferior do Relatório de Estilo de Vida.

Dentre os dois Componentes, a Estima, é a mais difícil de interpretar e a palavra em si pode equivocar alguns leitores porque não tem nada a ver com autoestima. O conceito a que se refere é como você prefere se relacionar individualmente com as outras pessoas diplomática e respeitosamente. Outras palavras poderiam ser *imparcialidade* ou *objetividade franca* para descrever as pontuações baixas, e *cuidadoso* e *sensibilidade cautelosa* para as altas.

O Componente Aceitação refere-se à sociabilidade de um modo geral. É a medida do Método Birkman para o seu desejo e tolerância nos encontros com os grandes grupos. Por outro lado, também indica quanto tempo você precisa passar sozinho para recuperar a energia. Por exemplo: você pode parecer extrovertido, sociável e muito divertido nas interações sociais em grupo e, mesmo assim, para repor a energia, precisar de algum tempo sozinho ou relaxando com apenas uma ou duas pessoas mais próximas.

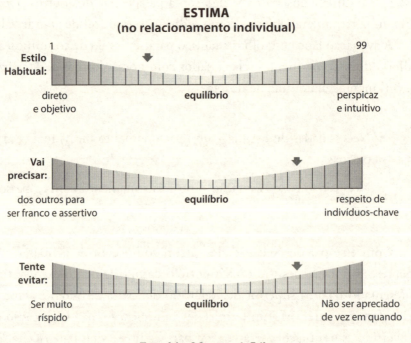

Figura 4.1 – O Componente Estima

O consultor Jonathan Michael, de Vancouver, tem uma elevada pontuação de 99 em Comportamento Habitual de Aceitação combinada com um 10 em Necessidade. Ele próprio se define: "Pareço ser um animal gregário, mas prefiro estar apenas com minha esposa. Necessito da minha cabana na floresta para estar sozinho ou com ela".

A combinação entre baixo Comportamento Habitual e alta Necessidade (Figura 4.1) é um padrão comum em Estima. Representa as pessoas que tendem a ser diretas em suas falas, mas preferem que as respostas sejam diplomáticas e respeitosas com elas. Em outras palavras, podem despejar suas ideias sobre os outros, mas não aceitam o mesmo tratamento. Essa pode ser uma combinação delicada se a pessoa excessivamente direta for o chefe. Caso um subordinado siga a regra de ouro, assumindo que o gestor gosta de receber o mesmo que oferece aos outros – franqueza e objetividade –, pode ser que fique encrencado, pois é provável que o chefe o veja como ríspido e desrespeitoso.

Sendo assim, a pontuação em Estima demonstra como pode ser difícil enviar os sinais certos de como precisamos ser tratados. Falar asperamente com alguém pode não ser a melhor forma de fazer com que essa pessoa converse gentil e diplomaticamente com você, caso tenha uma pontuação alta em Estima. Na outra ponta do espectro, uma pessoa com baixa pontuação em Estima pode preferir receber uma comunicação mais franca e direta e até se sentir meio desconfortável e desconfiada se a mensagem for transmitida de modo muito suave e cuidadoso.

Um executivo sênior do setor de saúde, em Houston, teve uma pontuação baixa em Comportamento Habitual de Estima (31) e alta em Necessidade (79), configurando também a pontuação do "eu posso despejar o que penso, mas não suporto ser tratado assim". Ele sempre trabalhou independentemente, mas depois de uma série de promoções tornou-se responsável por uma equipe de cinco pessoas, liderando um grande projeto. Era sua primeira posição como gestor. "É um profissional legal, mas muito exigente. Continuava a entregar trabalho de alta qualidade, mas, liderando uma equipe, achava que estava perdendo o controle sobre a qualidade", analisa o consultor Phillip Weiss, também de Houston.

Phillip afirma que a maior parte de seu trabalho como consultor é ajudar executivos a encontrar seu estilo de liderança "saindo do ponto A para o F", isto é, para uma posição superior e com alto nível de desempenho. As perguntas que esses profissionais mais fazem são as seguintes: "Quais comportamentos devo ter?" e "Quais comportamentos vão me conduzir até lá?". No caso daquele executivo, ele estava agindo sob estresse, envenenando o ambiente de trabalho e manchando a sua reputação duramente conquistada. Estava se tornando raivoso e exigente com seus subordinados – comportamentos que ele nunca demonstrara antes dessa última promoção. "Tudo estava caminhando realmente mal", lembra o consultor.

Phillip aplicou o Método Birkman para avaliar as principais categorias de comportamento do executivo com foco na comunicação. Disse ao cliente para pensar na avaliação como se fosse um iceberg: o Comportamento Habitual é a parte que você vê; as Necessidades ficam sob a água e nem sempre são conhecidas; e o Estresse é uma ponta do iceberg que emerge da água e se torna visível quando as Necessidades não são atendidas.

A avaliação revelou uma pontuação tipicamente alto/baixa em Estima combinada com Comportamento Habitual alto (74) e também Necessidade alta (92) em Aceitação, o que tornava aquele executivo do setor de saúde sensível à pressão, confrontando agressivamente os funcionários da equipe para forçá-los a atender seus altos padrões de exigência e agradar seus superiores.

Assim que Phillip entregou o resultado da avaliação Birkman ao cliente, o executivo começou a se sentir aliviado. "Era como se a avaliação tivesse lhe dado o direito de ser quem é. Mas ele também entendeu que algumas de suas tendências não estavam o ajudando em nada", recorda o consultor.

Depois de ter uma visão clara de seus comportamentos, o executivo começou a tratar melhor a equipe. Chegou a ponto de se desculpar com alguns profissionais-chave e, então, começou a se acalmar, tornando-se menos exigente e mais apoiador daqueles que estavam entregando um bom trabalho.

Colada nos colegas

Uma alta pontuação em Necessidade de Estima (90) e outra igualmente alta em Necessidade de Aceitação (90) estavam mantendo uma profissional de Nova Jersey presa em seu emprego como diretora de serviços de informação, quando ela acreditava que já havia superado essa posição. Como sua avaliação Birkman iria sugerir, ela desenvolveu um vínculo forte com algumas pessoas no trabalho e também com sua equipe e, por isso, não conseguia seguir adiante na carreira. A grande companhia farmacêutica para a qual trabalhava, no entanto, tinha uma cultura completamente oposta às suas Necessidades: reconhecimento respeitoso pelo valor da contribuição que ela e sua equipe davam à empresa. Esse conflito a deixava em constante estresse, especialmente porque tinha uma forte tendência à autocrítica, como seu relatório também indicara: ela se culpava por suas dificuldades e insistia em fazer aquele emprego dar certo, apesar de todas as probabilidades contrárias.

O resultado da avaliação Birkman a ajudou a ver o que a estava prejudicando. "Ela não queria abrir mão dos relacionamentos pessoais que construíra no escritório e nem dos fortes vínculos que fizera com a equipe da sua área. Também queria conseguir conquistar as metas ambiciosas que havia definido para o time, mas as mudanças na empresa já haviam deixado evidente que ela não seria capaz de realizar aquilo", conta a consultora dela, Barbara Robinson, de Washington.

Depois de fazer *coaching* por três anos, a diretora finalmente aceitou o fato de que não conseguiria mudar a organização para passar a atender às suas necessidades e ainda valorizar os objetivos que ela pretendia alcançar. Em vez disso, conseguiu um novo emprego em uma posição mais sênior e em uma empresa de porte semelhante à anterior. Essa companhia investe em seus pontos fortes e valoriza o compromisso dela com o trabalho em equipe.

Sem dramas, por favor

Todd Uterstaedt teve um cliente que estava no oposto extremo do espectro da Estima – uma profissional que foi diretora executiva de um hospital em Cincinnati (Ohio) durante 15 anos. Ela estava se sentindo cada vez mais frustrada no trabalho e começou a cair no choro na frente dos colegas. Reclamava que seus pontos fortes não estavam sendo completamente utilizados ou reconhecidos e achava que não dispunha dos recursos adequados para realizar o trabalho. A organização, na verdade, a via como uma profissional altamente competente. Seus superiores gostariam até que ela assumisse um papel mais amplo de liderança se conseguisse resolver o que a estava perturbando no trabalho. Todd foi contratado para ajudá-la a descobrir qual poderia ser seu próximo desafio.

De modo surpreendente, o resultado da avaliação Birkman mostrou que seus acessos de choro não aconteciam porque ela era extremamente sensível. De fato, era o oposto: ela tinha necessidade intensa de respostas objetivas e não emotivas das pessoas em torno dela. Sua alta pontuação em Comportamento Habitual em Estima (79) e o resultante relacionamento cuidadoso com os outros faziam todos considerá-la uma profissional compreensiva e diplomática. As pessoas se sentiam à vontade para conversar com ela sobre tudo o que as aborrecia no trabalho e na vida pessoal. Sua baixa pontuação em Necessidade do Componente Estima, porém, indicou para Todd que a executiva só gostaria que as pessoas fizessem seus trabalhos, sem dramas e não a aborrecessem com "aquelas confusões emocionais", que estavam despejando sobre ela. A sensibilidade muito exposta não combina com suas Necessidades e, na verdade, faz com que se sinta estressada. Quando a executiva mostrava-se aborrecida, os outros – como era de se esperar – entendiam aquilo como um sinal de que precisava ser amparada e "isso só tornava tudo mil vezes pior", diz o consultor. A reação cuidadosa dos outros apenas a empurrava na direção de outros acessos emocionais.

"Por que ninguém pode simplesmente fazer aquilo que pedi?", brincou a executiva, quando terminou de ler seu relatório Birkman. Alguns meses depois, a executiva assumiu uma posição de muita responsabilidade em outro hospital e disse a Todd que a nova cultura "estava atendendo às suas necessidades" e lhe oferecendo a oportunidade de crescimento profissional. Ela estava feliz e se sentia causando um impacto positivo no novo trabalho.

Um pedaço de mim

Quando dois perfis opostos em Estima e Aceitação têm que trabalhar juntos, um pode ser um bom complemento para o estilo do outro, mas a situação pode se complicar quando as pessoas não percebem como são diferentes e como se aproximar da outra. O problema fica ainda mais complexo quando existe também uma diferença geracional. A consultora Dana Scannell foi chamada para ajudar um pai e um filho, que trabalham juntos e têm pontuações opostas em Estima e Aceitação.

A família tem um bem-sucedido negócio imobiliário na Califórnia e o pai, o líder da empresa, sentiu que precisava de ajuda para lidar com seu herdeiro. O filho avaliava a si mesmo como um pedaço do pai, mas este sabia a verdade: eram dois opostos completos.

A situação ficava ainda mais difícil porque os dois tinham cores de personalidade diferentes. O pai era "Verde, Verde, Verde – podia vender gelo para esquimós", Dana assegura. Era um homem que se fez sozinho, da velha escola, o tipo que podia atravessar uma sala com todo mundo rindo de suas piadas – às vezes, de mau gosto. O filho era Azul – artístico, sensível, de modo gentil – e sempre ficava embaraçado com a tagarelice do pai. "Ele era a antítese do que seu pai gostaria que fosse e daquilo que o próprio pai era", a consultora acrescenta.

O pai e o filho tiveram pontuação similar em Comportamento Habitual e em Necessidade no Componente Estima, revelando que se saíam bem em situações de interação individual. Porém, em Aceitação, embora ambos tenham tido pontuação alta em Comportamento Habitual – o que os tornava bons no convívio em grupo –, suas Necessidades intrínsecas foram totalmente opostas, fazendo-os entrar em conflitos durante o processo de decisão. O filho, com alta Necessidade em Aceitação, considerava que tudo deveria ser decidido em consenso. O pai, baixo em Aceitação, interpretava o comportamento do filho como falta de habilidade para tomar decisões sozinho. O resultado disso era uma significativa frustração para ambos. O problema foi colocado às claras quando a avaliação expôs suas Necessidades contrastantes. Assim que compreenderam a diferença entre um e outro, foram capazes de começar a capitalizar essa diversidade, evitando os mal-entendidos que caracterizavam o trabalho em conjunto. Ao entender e passar a valorizar as diferenças, eles mudaram o tom do diálogo no escritório e, o mais importante, preservaram o relacionamento pessoal.

Nada pessoal

"Os principais executivos de uma grande companhia multinacional tinham baixa pontuação em Aceitação e pouco socializavam com os outros níveis hierárquicos. Dessa forma, estavam alienando os funcionários porque o comportamento deles era visto como rude e distante. A equipe achava que os líderes não gostavam deles, o que fazia com que todos evitassem se encontrar com os gestores, criando uma atmosfera de exclusão", explica o consultor Philippe Jeanjean, de Cambridge (Massachusetts). Ele ajudou os funcionários a entender que a questão não era pessoal. Não se tratava deles ou do desempenho que estavam apresentando. Tudo não passava de uma diferença de percepção.

Preciso ficar sozinha

Randi Gregoire, de Orlando (Flórida), aprendeu como balancear a diferença de sua pontuação em Aceitação – entre os elevados 99 pontos, em Comportamento Habitual, e os mínimos 11, em Necessidade –, revelando que, apesar de parecer sociável e feliz em grandes grupos, ela precisa passar um bom tempo sozinha para recuperar a energia. "Eu pareço ser extrovertida e muito sociável. Entro em uma sala e já procuro os desconhecidos para fazer contato. Mas, no fundo mais profundo do meu coração, eu sou uma introvertida", ela conta.

Quando estava trabalhando no leste asiático, coordenando aulas de Inglês, sempre pedia para ficar em um quarto sozinha, não importando o quanto aquilo custasse. "Aprendi que, para ser capaz de passar o dia todo com as pessoas, ensinando e liderando um grupo, preciso me recuperar à noite, reorganizando a energia. Sempre soube dessa verdade sobre mim, mas o Método Birkman me explicou a razão", afirma.

É difícil para os outros entenderem. À noite, depois do trabalho, quando seus colegas começavam a socializar e se divertir, ela dizia a eles que precisava voltar para casa. "Por que você vai embora?", eles sempre perguntavam, perplexos. Também era assim na casa dela. Uma vez, seu marido preparou-se para fazer uma viagem de negócios, mas no último instante retornou para casa, contando que a viagem havia sido cancelada. Ela não conseguiu esconder dele seu desapontamento e lhe disse que estava contando os minutos para ficar sozinha. Então ele disse a ela: "Vou voltar ao escritório e você fica em casa um pouco sozinha".

"Ele conhece a minha pontuação, então, não leva para o lado pessoal", Randi conta, rindo.

O que complica a situação para quem tem alto Comportamento Habitual e baixa Necessidade no Componente Aceitação é o fato de que a maioria das pessoas com esse perfil ainda quer ser convidada para participar da festa – mesmo que depois decida não ir – e, às vezes, se esforça demais para manter a reputação de extrovertido. Como parecia muito sociável no escritório, um cliente nos contou que era constantemente convidado pelos colegas a participar de festas e comemorações entre eles. "Sempre dizia para todo mundo que iria, mas então não aparecia", relata a consultora Janice Bergstresser, de Coatesville (Pensilvânia). "Na verdade, ele queria ser convidado, mas, no final do dia, sua vontade era apenas de ficar sozinho. A avaliação Birkman mostrou aos colegas que ele não era alguém com duas faces, nem difícil de conviver e que também não estava aborrecido com ninguém. Aquela era apenas a sua personalidade", explica.

O MÉTODO EM AÇÃO: ACONSELHAMENTO DE CASAIS

É forte a conexão entre os relacionamentos que temos no trabalho e aqueles que vivemos fora do escritório, porque nossa tendência é seguir os mesmos padrões de engajamento. Não é raro que alguém que tenha feito a avaliação Birkman peça para que também seja aplicada em seu cônjuge ou em outros familiares. Da mesma forma, terapeutas de todos os tipos, de conselheiros de casais a *coaches* de vida, estão fazendo uso de instrumentos como o Método Birkman. Eles percebem que é uma ferramenta confiável para avaliar conflitos e compreender os indivíduos envolvidos, pois, caso contrário, as pessoas acabam sendo convidadas a autodiagnosticar suas questões.

O Birkman tem sido aplicado em casais desde a década de 1960, quando Roger Birkman realizava pequenas sessões, que ele denominou de grupos de descoberta, na Primeira Igreja Metodista de Houston. O Birkman não é recomendado para o aconselhamento de casamentos problemáticos, mas tem sido usado para encaminhar namoros, noivados e casamentos, mostrando aos dois "onde estão os principais problemas potenciais da relação". O objetivo é tornar "bons casamentos melhores ainda", afirma o consultor Bob Bolling, de Houston.

Bob começou a fazer *coaching* de casais em 2007, quando a Igreja Metodista Chapelwood, de Houston, o autorizou a oferecer o Método à congregação. Cerca de 40 casais se inscreveram quando o ministro fez o anúncio. O consultor considera que a avaliação funciona melhor para casais que já estejam juntos entre cinco a dez anos. Depois disso, ele diz, as crianças e a aceleração das carreiras tendem a fazer todas as questões matrimoniais girarem em torno da falta de tempo, o que também significa que há pouco espaço para trabalhar o casamento em si.

Bob descobriu que o Componente Estima é, com frequência, "a maior questão" nesse tipo de aconselhamento. Se os dois tem pontuação baixa em Comportamento Habitual e alta em Necessidade no Componente Estima, tendem a ser bastante diretos para falar com o outro, mas cada um deles prefere ser tratado de maneira mais gentil. E, embora o Birkman não endosse nenhuma identificação de características específicas de gênero, é seguro afirmar – informalmente – que os clientes homens ficam satisfeitos de ver esse tipo de pontuação de Estima explicada. "Se ele fala: 'Não gosto desse vestido' e ela responde: 'Não ligo que você não goste', adivinhe quem vai ficar magoado?", pergunta Bob.

Karyl White procurou o aconselhamento de casais com seu namorado, Charles. Os dois já haviam sido casados antes e procuraram por Bob para aprender como construir um relacionamento bem-sucedido. Ela já havia feito duas vezes a avaliação Birkman no trabalho e disse que realmente não havia compreendido toda a amplitude do relatório até fazer o curso de seis semanas com Bob. "Foi fabuloso para nós e realmente acelerou nosso relacionamento", ela diz, explicando que se casaram logo depois. "Ter o resultado comparado com o do outro tirou fora as emoções das nossas diferenças de personalidade." A pontuação deles em sociabilidade mostrou claramente a tendência de Karyl ser extrovertida, enquanto Charles é introvertido. A pontuação de Karyl em Estima foi 6 em Comportamento Habitual e 6 em Necessidade, já Charles pontuou 21 em Comportamento Habitual e 94 em Necessidade. A pontuação em Aceitação também foi exatamente oposta: Karyl foi 98 em Comportamento Habitual e 92 em Necessidade; Charles foi 17 em Comportamento Habitual e 17 em Necessidade.

Com uma pontuação assim tão alta em Aceitação, Karyl aprendeu que o fato de não poder interagir com os outros pode disparar comportamentos de Estresse, fazendo com que se torne extremamente sensível. Ela até apelidou a expressão de sua personalidade sob Estresse: "'Karyl Ann', como minha mãe me chamava quando ficava brava comigo", ela conta e solta uma risada. Para evitar o Estresse, Karyl e Charles concordaram em planejar um evento social de diversão, envolvendo outras pessoas nos finais de semana. Quando isso não acontece, ela socializa durante a semana. Seu marido deixa claro quando a agenda social está ficando muito sobrecarregada para ele: "Eu respeito a necessidade dele de ficar sozinho porque é muito óbvio o benefício que isso lhe causa", ela diz.

Apenas um casal de novo

O Método Birkman também ajuda os casais a evoluir quando se tornam apenas os dois outra vez, Bob conta. Edward e Suzanne A. Davis estavam casados há 37 anos e com os filhos crescidos quando se inscreveram no círculo de aconselhamento de casais. A primeira impressão do consultor foi que "os dois eram os extremos opostos", porque ela se mostrava extrovertida e ele, introvertido – mas o Birkman mostrou que eles são bem parecidos.

A avaliação revelou para os dois uma alta pontuação em Interesse ao Ar Livre. Isso não foi surpresa para eles, mas, sim, a importância desse fato para que encontrassem uma maneira de recarregar e recuperar as energias. E aconteceu justamente quando estavam considerando a possibilidade de comprar uma segunda casa. "Então, isso nos deu a confiança necessária para comprar um lugar à beira do rio, cercado pela natureza e próximo de nossos netos", conta Suzanne.

Para muitos casais, descobrir o que o cônjuge gosta e desgosta é uma surpresa. "Achamos que depois de tantos anos juntos, as pessoas deveriam conhecer os Interesses de seus parceiros. Peço aos casais para que digam quais são os dois maiores e os dois menores Interesses de seu cônjuge na lista da Birkman. Entre centenas de casais, posso contar nos dedos da mão o número de pessoas que acerta."

E podemos achar também que o parceiro com a pontuação mais alta em Interesses Numérico e Processual é aquele quem cuida das finanças domésticas, mas isso não é fato, Bob acrescenta: "É frequente encontrar casais que definem qual dos dois assumirá essas tarefas por causa da agenda de cada um ou qualquer outro argumento desse tipo". Ele, então, lamenta: "Assumir as tarefas inadequadas é sempre muito estressante em um casamento".

Temporada de felicidade

Bob e Carleen Woods também estavam casados há 37 anos e se juntaram ao grupo da igreja para, como disseram, "acabar com o estigma" de que buscar aconselhamento significa estar com problemas no casamento. "Nossa tendência é aprender sobre família e carreira, mas o casamento é algo pouco estudado. Nós nos aposentamos e não sabemos como esse momento de nossas vidas deve ser, assim podemos ser levados a algo que não seja uma temporada de felicidade", afirma Carleen.

Os dois concordaram que as sessões os ajudaram a se tornar mais respeitosos entre eles e com os desejos de cada um. O consultor considera que, provavelmente, o aprendizado mais valioso dos casais seja o simples fato de que seus cônjuges são diferentes em muitos aspectos e que isso realmente não importa quando é compreendido.

A intenção é que vale

Ron Baker, um consultor sênior da Birkman que atua no Distrito Pentecostal de Ontário, no Canadá, observou que não importa há quanto tempo um casal esteja junto, os dois sempre podem interpretar mal os comportamentos rotineiros um do outro. "Tive um casal que queria se conhecer melhor depois de estar casado por mais de 20 anos", ele conta e ri. "Depois de apresentar os resultados das avaliações por mais de 90 minutos, ela disse [para o marido]: 'Sabe, pelos últimos 17 anos, achei que você era um babaca. Agora sei que é apenas a sua personalidade!'"

"Quando as pessoas entendem a singularidade de cada um", ele explica, "podem compensar as diferenças e até mesmo rir do aspecto mais engraçado delas."

Capítulo 5

A força do processo: Estrutura

O casal comum é uma piada cultural antiga: um dos parceiros é meticuloso e metódico e o outro, embora não seja confuso e improdutivo, é mais relaxado e menos rígido na organização. No trabalho, essa lacuna entre estilos pode parecer séria, com um dos funcionários aderindo estritamente ao processo e escrevendo o passo a passo para atingir um objetivo, enquanto o colega prefere correr ao som das batidas do próprio coração até a reta final.

Um estilo é melhor do que o outro? A marcha metódica até a linha de chegada garante um desempenho mais detalhado e preciso ou trabalhar com mais pressão melhora o foco e elimina o desperdício? Como sempre, o Método Birkman considera que existe valor na preferência de cada um, não importa onde cada um esteja no espectro que mede a Estrutura.

A pessoa que tem pontuação alta em Estrutura traz para a mesa de trabalho um ambiente calmo e ordeiro. Esse Componente relacional era anteriormente denominado de Insistência porque quem pontua alto nessa característica insiste em seguir sistemas e procedimentos. Esses funcionários costumam dizer: "Sou organizado e farei isso do meu jeito". Eles sempre são elogiados por colocar ordem no caos. Mas não parta da suposição de que eles gostam da Estrutura pela Estrutura ou que aceitam a sua ideia de Estrutura. Muitos funcionários com alta pontuação nesse Componente preferem trabalhar com seu próprio sistema em vez de se ajustar à Estrutura já existente. E como são muito bons em organizar planos e colocá-los em ação de maneira consistente, a Estrutura serve a eles como sua capacidade de execução. É outra maneira de exercer a autoridade. As pessoas com alta pontuação em Estrutura podem ser aquele contador insistente que reclama que você está atrasado com as contas para o Imposto de Renda – quando você sente que absolutamente não tem tempo para isso.

Assim como os outros Componentes, o Birkman encontra valor nas duas pontas do espectro, que possuem pontos fortes, necessidades e fatores de estresse inerentes. As características apenas são expressas de modo diferente, dependendo da pontuação de cada pessoa. Pontos fortes valiosos acompanham aqueles que têm alta ou baixa pontuação em Estrutura.

As pessoas com baixa Estrutura adicionam flexibilidade, espontaneidade e habilidade de improvisar, além da capacidade de rapidamente mudar de rumo. Em geral, são criativas e funcionam melhor – até prosperam – quando recebem uma boa dose de liberdade e flexibilidade na maneira de realizar seu trabalho. Como muitos executivos da alta hierarquia são baixos em Estrutura, precisam de equipes com funcionários com pontuação alta nesse Componente para ajudá-los a se manter organizados, dentro dos sistemas e fazendo tudo ser realizado.

Não ansiar por Estrutura não quer dizer que as pessoas são desorganizadas. Elas podem ter a própria percepção do que significa ser organizado. Apenas não precisam de um ambiente rígido para fazer o melhor e não querem isso. Costumam ser aqueles funcionários que acreditam que as regras existem para serem quebradas. As empresas saudáveis equilibram a flexibilidade com o procedimento para acolher os dois estilos de funcionários em relação à Estrutura, criando uma atmosfera suficientemente organizada para dar uma sensação de segurança sem sufocar a maneira de cada um ser mais produtivo. Os executivos devem se assegurar de que suas empresas ou organizações são capazes de acomodar uma boa variedade de talentos trabalhando nelas. Isso é especialmente importante quando a empregabilidade e setores inteiros estão passando por grandes transformações.

Saindo da frente

Uma executiva sênior de um centro de saúde universitário em Salt Lake City teve que aprender a controlar algumas de suas tendências no Componente de Estrutura como forma de sair da frente de seus subordinados. A consultora Patricia A. Russell, de Utah, contou que sua cliente era uma profissional que prestava muita atenção aos detalhes e seu jeito meticuloso possibilitou que construísse uma sólida carreira na área médica. Ela subiu na hierarquia do hospital onde era considerada uma líder conscienciosa e dedicada. Definiu metas elevadas para ela e sua equipe e acreditava estar ajudando os funcionários a conquistar seus objetivos, organizando detalhadamente o trabalho deles, inclusive com listas do que fazer e instruções verbais minuciosas.

Invariavelmente ela se sentia frustrada com o que considerava falta de iniciativa e criatividade de seus subordinados. Os funcionários, por sua vez, achavam que eram microgerenciados e que cada centelha de criatividade deles era imediatamente apagada pelos líderes. "Frustrados" era assim que se descreviam. Eles não tinham liberdade ou encorajamento para criar suas próprias soluções para os problemas ou descobrir maneiras inovadoras para alcançar as metas estabelecidas. Como indivíduos, cada um se sentia desvalorizado e desrespeitado. Ninguém conseguia entender por que as metas, claramente de acordo com as capacidades dos funcionários, não estavam sendo atingidas. E a situação não melhorou nem mesmo quando todos começaram a se dedicar ainda mais ao trabalho.

A dinâmica do Componente de Estrutura, que Patricia explicou à executiva e sua equipe foi uma revelação para eles. A gestora entendeu que, apesar de suas boas intenções, suas altas pontuações em Comportamento Habitual e Necessidade de Estrutura demonstravam que o excesso de atenção sufocava os funcionários. Sob a luz dessa descoberta, ela começou a dar o espaço que os subordinados precisavam para realizar o melhor deles.

Como chefe, ela ainda define as metas para eles, mas parou de ditar exatamente como cada uma delas deveria ser atingida. Quando relaxou um pouco o controle e começou a confiar na energia criativa dos integrantes da sua equipe, eles deslancharam, trabalhando juntos para conquistar os objetivos usando suas próprias ideias e iniciativas. A melhoria foi tão dramática que o presidente executivo observou um impacto positivo imediato nos resultados: o faturamento aumentou 6% em seis meses e, em média, a satisfação dos funcionários melhorou 5%, de acordo com a consultora. Essa é a força da Estrutura – nas duas pontas do espectro.

Detalhes, detalhes

Bob Brewer, de Oxford (Mississippi), também aconselhou um alto executivo com questões relacionadas ao Componente Estrutura. O profissional tinha pontuações atípicas em relação à Necessidade e Comportamento Habitual, a chamada reversão. O presidente executivo apresentava a tendência de pensar em mais detalhes do que conseguia comunicar. Ele sabia precisamente o que gostaria que sua equipe fizesse e sempre achava que havia deixado tudo muito claro. Mas, de fato, havia pensado tanto sobre o assunto que, quando estava pronto para apresentá-lo aos funcionários, dava a eles somente uma pincelada, assumindo que já compreendiam tudo muito bem.

Quando mais tarde ele dizia: "Eu lhe falei como fazer isso", eles respondiam: "Não, você não falou".

"Ele ficava surpreso quando a equipe lhe trazia algo diferente daquilo que havia pedido", afirma Bob. A situação melhorou quase imediatamente quando o consultor aplicou uma ferramenta simples de feedback para assegurar a clareza e a completude do raciocínio. Ele lhes ofereceu um modelo de diálogo. Antes de saírem da sala, o chefe deveria lhes perguntar: "O que eu pedi para você fazer?" A equipe, então, repetia o que havia entendido sobre a tarefa e corrigia, caso houvesse ocorrido algum equívoco.

"Assim que a questão foi identificada, demorou cinco minutos para eles aprenderem como fazer. Isso trouxe uma paz considerável para o relacionamento entre eles e muito mais eficiência para o trabalho em conjunto", relata Bob.

Bagunça em acordo

Pontuações opostas em Estrutura aparecem frequentemente no aconselhamento de casais. "Eu aposto que é perto de 70% a chance de alguém com baixa pontuação em Estrutura casar com alguém com alta. Talvez seja porque as pessoas admiram [as características que não possuem] a outra pessoa", diz Bob Bolling, de Houston.

Com sua própria esposa, Bob resolveu o dilema mais comum dos casais, fazendo um acordo: todos os chamados espaços comuns da casa deles são mantidos no padrão da Estrutura, preferido por sua mulher. Porém, o escritório dele é território sagrado: Bob o mantém do jeito que gosta. "Ela fecha a porta quando recebemos visitas", conta.

A questão dos estilos conflitantes em Estrutura não é tão facilmente compartimentalizada no ambiente de trabalho. O principal obstáculo não é um ou outro tipo de pontuação, mas como os diversos tipos interagem. O consultor Steve Cornwell, de Atlanta, aconselhou Shannon Woolard, quando foi contratada como diretora da Summit Management Corporation, que possui e administra uma rede de hotéis no sudeste dos Estados Unidos. Ela era responsável pelo desempenho da equipe de vendas e, desde o início, queria otimizar o trabalho. Entre os seis integrantes do time de vendas, havia uma que parecia não querer cumprir os procedimentos. A profissional cumpria todo seu trabalho, mas não era diligente no que se referia ao preenchimento do formulário exigido em todos os relatórios. Essa falta de conformidade estava comprometendo o processo como um todo e já prejudicava a reputação dela entre seus colegas. Depois que os integrantes do time fizeram a avaliação Birkman, no entanto, viram que ela era a única integrante da equipe que não tinha uma pontuação alta em Estrutura.

"Todos achavam que ela não gostava de trabalhar em equipe, mas tinha apenas que fazer isso de outro modo. Ela ficou muito aliviada que todo mundo entendeu aquela sua característica e a equipe passou a vê-la de outra maneira", relata Steve.

"O Método Birkman possibilitou que todos se conhecessem de um modo bem mais profundo. Nós ainda temos conflitos e o Birkman oferece a visão para nos orientar a encontrar soluções rápidas em um ambiente que reforça os comportamentos positivos em vez de focar no que cada pessoa faz de errado", afirma Shannon.[1]

Steve também já ajudou um jovem executivo com questões relacionadas à Estrutura. Jonathan Kupersmith optou por sessões mensais de *coaching* quando foi promovido a presidente da B2T Training, em Alpharetta

---

[1] Shannon Woolard em e-mail enviado a Steve Cornwell em março de 2011.

(Georgia). Como líder recente, ele queria evitar alguns tropeços. Mas antes que Steve pudesse endereçar essas questões, ele mesmo tinha que descobrir como faria para dar *coaching* a esse novo cliente. Jonathan tinha pontuações muito baixas em Estrutura e Steve sabia que tinha que tratá-lo gentilmente, e, principalmente, não poderia dar a ele uma lista de tarefas ao final de cada sessão de *coaching* – sua maneira habitual de trabalhar. "Tenho pontuação bem alta em Estrutura e eu o teria intimidado se fizesse o que estou acostumado", diz Steve.

Em vez disso, eles mantiveram as sessões seguindo o próprio fluxo. Cada encontro terminava com Jonathan contando ao consultor o que gostaria de realizar antes da próxima sessão. "Dessa forma, eu não estaria lhe impondo tarefas e Estrutura, o que poderia lhe causar estresse e preparar o terreno para uma experiência de *coaching* malsucedida", afirma o consultor.

Steve deu foco no apoio a Jonathan no alinhamento de seus pontos fortes em seu novo emprego. Estava claro que, por causa de sua personalidade com baixa Estrutura, ele precisava se cercar de profissionais que lhe dessem suporte administrativo – pessoas que pudessem realizar suas ideias e manter a ordem no trabalho diário. Também queria ter certeza de que seus subordinados trabalhariam de acordo com seus próprios pontos fortes em vez do que eles achavam que a empresa precisava: "Isso significa descobrir o que os funcionários precisam para alcançar o sucesso, buscando suas próprias metas e também as da companhia", conclui Steve.

Os funcionários com baixa Estrutura parecem descobrir a própria trajetória em direção do sucesso, não importa quanto o processo deles seja criticado. E o processo deles sempre fica sob o fogo cruzado. Robert Hudson, de Louisville (Kentucky), trabalhou por duas décadas como um gerente regional bem-sucedido da Burger King, em Nova York e Miami, e da PepsiCo, na Filadélfia. Ele diz que sempre sentiu que trabalhava com um estilo diferente dos outros por causa de sua tendência a ignorar os protocolos e se recusar a seguir a linha direta de comunicação. "Mesmo alcançando bons resultados, eu não era visto como politicamente correto. Algumas pessoas do alto escalão não gostavam do conceito que eu usava – desde a reforma das lojas até promoções pouco convencionais – para expandir minha franquia de restaurantes", conta ele.

Quando alguém sugeriu que fizesse a avaliação Birkman, ele descobriu exatamente como seu estilo preferido para trabalhar entrava em conflito com o de seus colegas. Sua avaliação Birkman mostrou que ele tinha a seguinte combinação em Estrutura – pontuação de 16 em Comportamento Habitual e 29 para Necessidade: "É difícil para uma pessoa como eu me encaixar em uma corporação. Acho difícil equilibrar meu desrespeito às regras com meu desejo de obter resultados e encontrar inovações para melhorar o negócio", avalia Robert.

Afinal, ele abandonou o negócio das franquias e foi empreender por conta própria. Atualmente, ele está à frente da M&H Marketing, em Louisville, uma consultoria que ajuda empresas do setor de saúde a expandir o faturamento. "Consigo manter uma agenda flexível e responsiva. Eu me cerco de pessoas detalhistas, então, elas podem fazer essa parte do trabalho por mim e eu me concentro em explorar novas ideias e opções de negócios. Gosto de trabalhar fora da cadeia de comando!", explica.

Alimento para as ideias

A Estrutura pode ter um grande impacto sobre a maneira como uma equipe funciona e abre seu caminho até o sucesso. Wilson Wong, de Atlanta, lembra quando ele foi chamado para ajudar uma empresa de mídia com uma equipe que não estava se desempenhando bem. Ele aplicou a avaliação Birkman nos 12 integrantes do time e percebeu que a diversidade de pontuações em Necessidade de Estrutura era uma questão.

Os vários profissionais que tinham baixa pontuação em Comportamento Habitual de Estrutura estavam ocupados, mas não tinham diretrizes, já que o gestor deles também tinha pouco desse Componente. "Todos estavam cumprindo suas próprias tarefas e nada acabava sendo feito em conjunto. Como grupo, eles não tinham nenhuma estrutura de rotina, mas como possuíam alta pontuação em Atividade e também em Mudança, começavam imediatamente as tarefas com muita energia – e mudavam muito de marcha", analisa Wilson.

O líder da equipe tinha um perfil de Autoridade particular, que o consultor reconheceu e descreveu da seguinte maneira: "Eles dizem: 'Tragam-me uma pedra, qualquer pedra; não, não aquela ali; não, quem sabe aquela lá; eu não sei o que quero, mas reconhecerei quando vir."'

Para deixar claro aos integrantes da equipe qual era a origem da disfunção, Wilson deu a eles um dos exercícios que chama de "alimento para as ideias": o grupo prepara junto uma refeição com vários pratos e o consultor apenas observa como as pessoas lidam com essa situação. Ele deu aos integrantes do time um menu com quatro pratos e também um prazo final. Então, sentou e observou. Como esperado, os 12 separaram-se imediatamente e cada um foi em uma direção sem discutir muito o assunto entre eles. O único planejamento do líder foi definir que a mesa deveria ser posta. Conforme o prazo final foi se aproximando, eles começaram a pegar atalhos. Quando chegou a hora de começar a servir, um prato foi colocado sobre a mesa antes de os demais estarem prontos – e, então, estava frio quando os outros chegaram.

"Isso aconteceu, apesar de eu tê-los alertado de que aconteceria. Foi uma das piores refeições que já comi", conta Wilson.

No final, o grupo discutiu como suas pontuações baixas em Estrutura influenciaram o problema. Em particular, Wilson falou ao líder que ele tinha ideias amplas, mas nenhuma organização, nem sugestões e nada de coordenação, o que causava sobreposição de tarefas ou muitas lacunas.

Um ano depois, Wilson conduziu mais uma sessão de formação de time com eles e lhes pediu que cozinhassem uma refeição ainda mais difícil. Dessa vez, conversaram e planejaram antes de começar a cozinhar. O líder da equipe tinha em mãos uma prancheta com um cronograma e as tarefas para cada participante. O trabalho seguiu um bom ritmo e o líder, com a prancheta na mão, manteve o controle sobre cada etapa. A refeição, segundo Wilson, ficou deliciosa. A cultura de unidade mudou tão profundamente que, dois anos depois, ao reavaliar o comportamento do líder, a equipe ainda estava funcionando bem – apesar de alguns profissionais serem novos no grupo.

O MÉTODO EM AÇÃO: TRANSIÇÕES CORPORATIVAS

Orquestrando a mudança

Com idade próxima da aposentadoria, Tom e Carolyn Porter, aceitaram como sócios um jovem casal, Richard "Jeff" e Amelia Jeffers, na sua prestigiada casa de leilões de arte em Ohio. Naquele momento, parecia que um conflito geracional ameaçava prejudicar a transição no negócio. Os Porters tornaram-se sócios da Garth's Leilões em 1967, quando o proprietário original quis elevar sua empresa de 13 anos para um novo patamar. Ao longo das duas décadas seguintes, os Porters ajudaram a casa de leilões a conquistar reputação nacional. Em meados da década de 1990, eles começaram a pensar em mais uma etapa de expansão e, a longo prazo, em uma estratégia para sair do negócio. Eles fizeram um acordo de parceria com Jeff e Amelia depois que a empresa chegara a ter 13 funcionários. "Ia ser uma grande transição", disse Amelia. O dono original havia morrido em 1973, portanto, os Porters haviam sido independentes por 23 anos. Segundo ela, "havia questões envolvendo os papéis de cada um e o processo de decisão."

O jovem casal se juntou à supervisão da operação diária do negócio, mas estava difícil avançar. Ninguém sabia que papéis assumir no novo formato e, para serem justos, decidiram que todos participariam de cada decisão. Mas esse sistema tornou muito lento o processo. Amelia ouviu falar sobre o Método Birkman de uma das filhas dos Porters, ela mesma uma consultora certificada. Então eles decidiram pedir ajuda à consultora Celia Crossley, de Columbus (Ohio). Amelia fez a seguinte pergunta à Celia: "Como usar nosso tempo, talentos e dons na empresa e assegurar que tenhamos direitos iguais de propriedade e no processo de decisão?"

"Eles continuavam a dizer que se tratava da diferença de idade", lembra Celia, porque os proprietários estavam na casa dos 60 anos e os novos sócios tinham 20. "Eram realmente diferentes, mas não por causa da idade."

A consultora os ajudou a ver como o relacionamento era complexo: "A sociedade complicava porque tínhamos quatro diferentes personalidades empreendedoras e dois pares de pessoas casadas. Então, não era somente a parceria – nossos casais também eram sócios em um negócio", lembra Celia.

Os quatro fizeram a avaliação Birkman e esperaram pelo resultado. Cada um recebeu seu relatório individual, mas para colocar a dinâmica do grupo em um foco preciso, Celia incluiu no Relatório de Estilo de Vida seus estilos combinados em Comportamentos Habituais, Interesses, Necessidades e gatilhos de Estresse. As boas notícias saltaram aos olhos: cada um dos quatro tinha pontos fortes claros que eram diferentes um dos outros (Figura 5.1).

Jeff Jeffers, o único com o asterisco de Interesse no Amarelo, era o mais adequado para se tornar o administrador financeiro. Carolyn Porter revelou ter alta pontuação em Estrutura e forte Interesse Científico e, então, ficou com as pesquisas. Tom, com uma pontuação de 75 em Persuasivo, passou a se responsabilizar pelas vendas. Amelia, uma pessoa Azul, começou a usar seus talentos criativos para ajudar a desenvolver novas estratégias de marketing e agrupar obras do acervo para leiloar.

As avaliações Birkman também mostraram alguns pontos de Estresse. O resultado de Jeff indicou que ele é capaz de traçar um plano de ação com o grupo, mas, por fim, prefere ir para o escritório trabalhar sozinho. Amelia aprendeu que tem que modificar seu comportamento e estilo de comunicação para ser mais paciente e receptiva com os hábitos de trabalho dos outros.

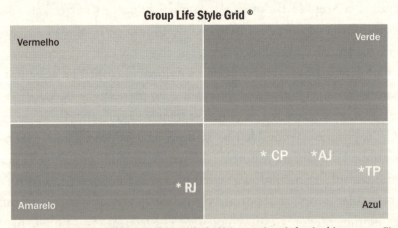

Figura 5.1 – O Birkman registra o principal interesse de cada funcionário

Amelia e Jeff levaram seus relatórios quando estavam retornando de carro para casa. Ela dirigia enquanto ele lia os resultados: "Ah, aqui diz que você é um pouco ditatorial", ela recorda o marido dizendo e dando uma risada. A pontuação dela para Estima na "comunicação um a um" era relativamente baixa (Comportamento Habitual, 28; e Necessidade, 49) e a Autoridade foi a mais alta entre os quatro avaliados: 66.

Amelia admite: "Não gosto de ficar vendida na situação. Quero os fatos: 'Isso é o que estou oferecendo, sem rodeios.' Deixo tudo bem claro e isso nem sempre é o melhor, mas não é por maldade ou malícia".

Antes de dar alguma informação, Carolyn e Jeff precisavam que as pessoas ao redor deles conversassem gentil e respeitosamente. Os casais, ao que parece, não tinham que se enfrentar. Em caso de divisão de opinião, Tom e Amelia se alinhavam de um lado e Jeff e Carolyn, do outro.

"Tom e eu somos rápidos para decidir", Amelia exemplifica o perfil resultante das avaliações Birkman. "Já Jeff e Carolyn precisam de tempo para refletir. O Método Birkman abriu meus olhos não somente para o que eu posso dar de contribuição no relacionamento de negócios com meus três sócios, mas também me fez olhar para meu casamento e pensar: 'Eis o que estou expressando e o que espero receber de volta.'"

Uma área na qual todos se mostraram semelhantes e em sincronia foi a de Estrutura, com pontuações altas oscilando de Carolyn (61) a Tom (90), com Amelia e Jeff com 79. A Necessidade deles nesse Componente foi relativamente baixa, incluindo o recorde mínimo de Amelia, que foi de 5. "Tudo parecia bem ajustado e organizado. Nenhum deles precisava ser direcionado e todos prefeririam seguir o próprio curso de ação. Desde que definissem suas respectivas responsabilidades, seguissem o que consideravam correto e se mantivessem flexíveis para as mudanças, tudo funcionaria bem", avaliou Celia. Eles fizeram isso e tudo realmente deu certo. Atualmente, na Garth's Leilões todos os funcionários fazem a avaliação Birkman. Não é apenas para selecionar os candidatos, explica Amelia, mas para poupar tempo e ajudá-los a encontrar sua posição na empresa assim que são contratados. Segundo ela, a maioria das pessoas não consegue simplesmente dizer a um novo chefe: "É isso que você precisa me oferecer para que eu faça meu trabalho bem-feito". Mas é exatamente isso o que os administradores daquela casa de leilões querem ouvir – e o que os outros chefes precisam ouvir.

Amelia considera que o Método Birkman tornou toda a rotina de trabalho em sua empresa mais diplomática e mais democrática. Por exemplo, apesar de ser proprietária, ela divide um escritório para que a contadora da empresa tenha seu próprio espaço. A avaliação Birkman mostrou que a contadora precisa disso para manter o foco no trabalho (baixa pontuação em Aceitação, sugerindo a necessidade de estar sozinha e Necessidade bem baixa por Mudança).

Em janeiro de 2006, o casal Jeffers assumiu o controle total da casa de leilões. Durante o período de transição "não perdemos nenhum funcionário", conta Amelia, orgulhosa. "Acho que o Método Birkman foi um fator importante para isso. É impossível avaliar realmente como a autoconsciência nos tornou melhores administradores." Em 2013, a Garth's Leilões tinha atuação consolidada nos Estados Unidos e começava a projetar sua presença internacionalmente.

"O resultado", conclui Celia, "é que, assim que reconheceram suas diferenças comportamentais e os porquês, foram capazes de levar o negócio adiante com sucesso, pois compartilhavam as mesmas visões, sonhos e esperanças."

Contrate diversidade

O Método Birkman ajudou uma empresa inglesa na área de SEO (Search Engine Optimization) a atravessar uma série de transições drásticas entre 2005 e 2010: primeiro, uma fase de rápida expansão de 20 para 275 funcionários, seguida da compra de uma parceira norte-americana, e, finalmente, a consequente reestruturação do time de líderes seniores.

Quando a empresa, com 18 anos de existência, começou a acelerar o crescimento em 2005, aproveitando a explosão de marketing nos mecanismos de busca on-line, os administradores não tinham certeza de onde deveriam procurar novos funcionários. Sabiam que precisavam de profissionais de todos os níveis, especialmente para liderar a área de design, vendas e implementação de projetos. O objetivo era criar um ambiente competente e estimulante para os novos talentos que estavam ingressando na empresa.

Antes de iniciar a etapa de recrutamento, queriam fazer uma avaliação objetiva de quais eram os pontos fortes e as lacunas da empresa. Barbara Robinson, que naquele momento estava trabalhando na Inglaterra, aplicou a avaliação Birkman em nove integrantes da administração sênior. Quando o time viu os resultados, eles começaram a rir: o perfil de todos estava posicionado no canto direito inferior, ou seja, no quadrante Azul, com alguns poucos pontos salpicados no Verde – o que indicava o sólido talento criativo que os fez criar aquela *start-up* vitoriosa. "Eles entenderam imediatamente a situação", conta Barbara, "o fundador seguia contratando profissionais parecidos com ele!"

Esse simples e bastante típico equívoco da alta administração está no centro de muitos males corporativos – da inflexível falta de diversidade na hierarquia das empresas até aquele tipo de pensamento único que ameaça estagnar e afundar os negócios. A mentalidade de contratação de um perfil único é difícil de ser identificada entre um time com profissionais que tendem a compreender uns aos outros e se manter juntos. Pode ser bem difícil corrigir isso.

A discussão que se seguiu após a apresentação dos resultados das avaliações fez com que eles decidissem contratar primeiro um diretor financeiro. Barbara os ajudou a encontrar um candidato talentoso para levar um pouco de Amarelo para dentro da empresa – ou seja, a paixão pelos cálculos e a abordagem sistemática do trabalho. O novo funcionário também tinha bastante Azul no perfil; assim, tinha terreno comum com seus colegas.

A compra pelo parceiro dos Estados Unidos possibilitou uma expansão ainda maior e o processo de recrutamento, por fim, levou à contratação de uma equipe com 275 funcionários. Assim que os novos proprietários assumiram o controle do negócio, o fundador, que na época era presidente executivo, deixou a empresa, e Barbara passou a trabalhar com os novos líderes para reestruturar a diretoria.

Capítulo 6

Você é chefe ou apenas mandão? Autoridade

Como é o resultado da avaliação Birkman de um bom líder ou presidente executivo? Não existe uma única resposta. Por causa da complexidade das pessoas e dos ambientes de trabalho, uma ampla variedade de estilos de liderança combinará com muitos tipos de organizações e com muitos tipos de trabalho a ser realizado. Não existe fórmula para prever o sucesso da liderança. Você pode liderar a partir de várias combinações de características.

No máximo, conseguimos encontrar alguns denominadores comuns que combinam melhor com um setor industrial ou organização – ou, pelo menos, com a tarefa a ser executada. Mais do que tentar prever o sucesso da liderança, a avaliação Birkman mostrará o tipo de líder que você é e o que pode fazer para se tornar um chefe ainda mais eficiente. Cada um de nós exercita a autoridade de maneira diferente e o Método pode mensurar isso em termos objetivos.

De modo geral, o Componente da Autoridade dá ao líder a percepção de como será recebido pelos liderados um estilo de dominância mais forte ou mais suave. O Método responde por que uma pessoa pode aceitar ou resistir à forma com que recebe mensagens do chefe. Como com os outros Componentes do Birkman, conhecer essas diferenças naturais no estilo de comando pode aliviar a culpa pessoal e a defesa difusa no relacionamento profissional. A Autoridade refere-se à dominância verbal. Falar alto e bom som, argumentar, gostar de debater, ficar confortável ao dizer: "Eu lhe disse para estar aqui às 8 horas. Onde você está?". Em resumo, o Componente relacional da Necessidade em Autoridade indica o grau com que cada pessoa se autoafirma ao dar comandos verbais.

A liderança de alta Autoridade é a escolha de conduzir as pessoas de uma maneira abertamente mais autoritária. Esses chefes não gritam, necessariamente, para dar seus comandos, mas a altura de suas ordens pode ser potencializada se a pessoa também tiver alta Empatia, o que significa que ela já tende a ser expressiva. Costumam ser descritas como alguém "no seu pescoço" porque se sentem confortáveis dando ordens de maneira vigorosa. Saem-se bem em funções que envolvam emergências e risco, como equipes de construção, fábricas, trabalhadores em salvamentos e, como você já deve esperar, na carreira militar.

Mesmo assim, o estereótipo do chefe autoritário não é mais dominante conforme os profissionais se tornam mais diversificados, mais competentes, mais estudados e bem informados. Um gestor eficiente permanece focado e no controle, mas não domina os funcionários. Na cultura popular, o fenômeno do "sussurro" sugere que o melhor caminho da autoridade sobre os homens e os animais é ver a si mesmo nos olhos daqueles a quem você pretende liderar, formando um relacionamento não ameaçador que, em última instância, é mais efetivo. No vocabulário do Método Birkman, esse tipo de liderança é chamado de estilo de baixa Autoridade. Esse líder faz com que os outros entendam quem é o chefe sem precisar ser mandão.

A face mutável da Autoridade

Depois de quase 20 anos atuando como consultora de muitos presidentes executivos de grandes empresas, Esther S. Powers, PhD, de Greater (Atlanta), pode falar com experiência sobre as mudanças geracionais nos estilos de liderança, conforme foi revelado pelo Método Birkman. Quando começou a fazer *coaching* com executivos da indústria pesada, "os líderes eram como militares: eles eram Vermelhos, com alta Autoridade, alta Estrutura, alta Atividade, baixa Reflexão, baixa Vantagem e baixa Empatia. Eram os gestores tradicionais das plantas. Não ouviam muito e não se mostravam colaborativos", ela recorda. Esses executivos com alta Autoridade eram líderes comandantes que tendiam a falar bem, mas frequentemente não tinham muito diplomacia. Além disso, não recebiam bem as mudanças resultantes da competição, da gestão participativa e da explosão do empreendedorismo de alta tecnologia e da informação, avalia Esther. No início da década de 1990, as empresas começaram a criar times de alto desempenho num esforço para se tornar mais ágeis. Ela foi chamada para fazer reestruturações organizacionais em empresas tradicionais de manufatura que queriam acompanhar as mudanças, algumas se espelhando nas técnicas fabris das companhias japonesas. Era o início do modo *just in time* de fazer negócios com baixos estoques e hierarquias mais achatadas.

"Era preciso pouco esforço para eu conquistar os profissionais no chão de fábrica, mas os gestores queriam provar que todo mundo estava errado. Os líderes me queriam fora das fábricas", conta Esther.

Mas a transformação econômica não podia ser desacelerada, muito menos detida. Quando o novo modelo de empresa surgiu, no entanto, Esther percebeu que os gestores seniores não conseguiam mais lidar com o negócio. Ao longo da década seguinte, ela avalia, os presidentes executivos tornaram-se "completamente diferentes". Ela começou a notar que surgiam perfis de executivos mais flexíveis e otimistas nas avaliações Birkman. Passou a encontrar mais tipos Verdes e Azuis, enquanto as posições de liderança iam demandando traços mais democráticos e criativos. O antigo estilo autoritário de líderes ainda existe, com certeza, mas eles são agora um número bem menor e precisam compartilhar espaço no topo com uma ampla variedade de pessoas. A precisão com que o Método Birkman registrou a mudança depõe sobre sua sofisticação.

O Birkman pergunta aos executivos: "Os outros veem você como muito agressivo ou muito submisso?" Para serem bem-sucedidos, os chefes têm que encontrar o estilo que melhor combina não apenas com a cultura da companhia e com os diversos times, mas com cada integrante da equipe. Isso significa mover-se do modelo de liderança único que combina com tudo e todos para outro que possibilite a adoção de diversos estilos dentro da própria abordagem natural.

Como todos os outros Componentes do Birkman, a Autoridade é multidimensional. Além de revelar com que facilidade uma pessoa dá comandos verbais, o Componente da Autoridade mensura como ela vai tolerar estar na outra ponta, isto é, recebendo ordens vigorosas. Quanto você realmente necessita – ou quer – ser comandado? Muitas pessoas, embora nem sempre admitam imediatamente, preferem um chefe direto e autoritário. Elas deslancham somente quando entendem quem está no comando, sentindo-se mais seguras com gestores que as deixem saber o que deve ser feito e lhes dê ideia de quando e como fazer aquilo.

Esses estilos contrastantes podem ser registrados e mensurados pela Birkman no espectro contínuo da Necessidade de Autoridade. A avaliação ajuda a determinar sob qual estilo de Autoridade você trabalha de maneira mais eficiente – seja sua preferência um estilo mais diretivo e responsável ou um líder que lhe dê mais autonomia e peça polidamente a realização de tarefas. Muitas pessoas respondem bem a comandos diretos assim como muitas outras preferem contar com autonomia. O perfil com baixa pontuação em Necessidade de Autoridade oferece sua melhor produtividade quando se responsabiliza por si mesmo. Essas pessoas preferem colaborar com um chefe que dá sugestões em vez de ordens e trabalham melhor se o gestor for descontraído, tranquilo e menos diretivo.

A maioria das pessoas tem uma mistura sutil de estilos de Autoridade em suas preferências para liderar e ser liderada e isso fica evidenciado na avaliação Birkman. Uma pessoa pode ter um estilo pessoal altamente diretivo (visto geralmente em empreendedores e profissionais autônomos), embora possa não gostar de ser conduzida sobre o que e como fazer as tarefas. Em outros tantos casos, o indivíduo pode ser afável e agradável no comportamento diário e, ainda assim, trabalhar melhor com um chefe que assuma claramente as responsabilidades, além de decidir e dar ordens com vigor.

A abordagem direta

Jeffrey P. Haggquist, especializado em dor e medicina esportiva, considerou o Método Birkman reconfortante durante o momento de crise pelo qual sua clínica passou. Ele é um chefe de alta Autoridade em seu pequeno negócio com nove funcionários-chave. Os profissionais que não são da área da saúde, ele conta, ficam perdidos quando Jeffrey dá diretrizes, tentando obedecer ao pé da letra em vez de utilizar a ordem como base para encontrar as próprias soluções: "As pessoas olham a árvore e perdem de vista a floresta. Eles fazem literalmente o que digo em vez de entender o que peço".

A equipe, por sua vez, acha que recebe mensagens contraditórias sobre o que fazer – e não ousa tomar a iniciativa quando o chefe é muito explícito e extremamente diretivo. As pessoas estão ficando rapidamente desencorajadas na rotina diária. A avaliação Birkman mostrou uma diferença significativa entre o Comportamento Habitual e a Necessidade de Autoridade de Jeffrey (81 versus 37).

"Ele poderia não gostar de ser tratado da mesma maneira com que lidera os outros. Além disso, tem a tendência de se tornar dominador e defensivo sob estresse, devido à pontuação 75 em Estresse no Componente de Autoridade", afirma a consultora Barbara Robinson.

O médico não estava ansioso para mudar sua abordagem. A Birkman, porém, ajudou ele e sua equipe imediatamente, mostrando como poderiam trabalhar dentro da realidade de seu estilo de liderança autoritário. "De modo geral, o resultado da avaliação me mostrou o fato e me fez saber que sou quem eu sou; é a minha personalidade... e está tudo bem", diz.

Jeffrey decidiu contratar mais funcionários da área da saúde. Para cada novo contratado, ele utiliza a Birkman para explicar seu estilo de liderança e expectativas. Além disso, destaca pontos delicados e diferenças para mostrar como lidar com ele. Jeffrey aprendeu como prevenir confusão e evitar questões potenciais antes que se tornassem problemas: "Desde o início, eu apenas conto às pessoas quem eu sou".

Enquanto isso, Barbara continua a realizar reuniões regularmente com a equipe para melhorar a comunicação e o ambiente de trabalho.

Único protagonista

Um advogado de Houston com alta pontuação em Autoridade – na casa dos 90 para Comportamento Habitual – descobriu que tinha um problema semelhante em seu escritório. O fato de que liderava uma equipe com apenas dois profissionais não tornava a comunicação mais fácil. Nesse caso, a alta pontuação manifestava-se com gritos, comportamentos agressivos e ordens em voz alta.

"Eu quero que eles saibam quem é o responsável aqui", ele contou ao consultor da Birkman, Bob Brewer.

"Você faz isso gritando e sendo exigente. Você está berrando com pessoas educadas como se fossem crianças. Elas já sabem quem está no comando aqui", respondeu Bob.

Foi difícil para o advogado mudar seu comportamento ditatorial. O negócio, afinal, tinha um protagonista único e o escritório tinha seu nome na porta. Ele parecia ter medo de que, se não fosse dominador, perderia o respeito da equipe. "Todos nós temos nossos pontos cegos e esse era o dele. É assim que se ferem as pessoas – com golpes verbais", afirma Bob.

O consultor convenceu o advogado de que o interesse era todo dele em tentar uma abordagem mais democrática. "Foi uma jornada de mil passos ou, pelo menos, diversas conversas caracterizadas por uma sinceridade compassiva", lembra Bob.

O consultor treinou o advogado para admitir diversos aspectos de seus relacionamentos profissionais. Primeiro, ele tinha que reconhecer seu costume de passar por cima ao dar ordens e avaliar o desempenho dos funcionários – o que raramente resultava no padrão pretendido. Segundo, tinha que agradecer que a reação da equipe ao seu estilo de alta Autoridade era normal e não do tipo que ele descrevia como "dos fracos que não aguentam o calor" do trabalho; e terceiro, tinha que reconhecer a Necessidade de Autoridade de sua pequena equipe, que queria um chefe firme, mas justo e, então, oferecer mais sugestões em vez de gritar ordens. Bob relata que, de fato, o advogado "fez progresso, passando a gerenciar melhor suas expectativas irrealistas sobre os outros".

O consultor teve discussões parecidas com a equipe para ajudar os profissionais a responder melhor aos comportamentos do chefe. Ele os treinou para aceitar o advogado como ele é, um projeto em andamento; evitar o excesso de sensibilidade quando o advogado tiver recaídas em seus métodos despóticos; dar um desconto em seus esforços para melhorar; esperar que o progresso seja gradual; e apoiar os esforços dele para realizar as mudanças que todos querem ver no ambiente, "porque comportamento recompensado é comportamento repetido".

"Não foi uma solução rápida", conta Bob, "mas com paciência da parte da equipe e comprometimento sincero com a mudança por parte do advogado, eles descobriram como trabalhar melhor juntos e todos se beneficiaram."

Poder versus empoderamento

É preferível cuidar das questões de Autoridade o mais depressa possível nos relacionamentos profissionais antes que se tornem um padrão arraigado no ambiente de trabalho. Sonya Shields, vice-presidente da Arbonne, empresa de cosméticos, saúde e bem-estar, precisava contratar uma assistente que fosse organizada e pudesse cuidar da agenda do dia a dia e dos documentos. Parecia uma tarefa simples, mas ela entrevistava uma candidata após a outra. "Ela poderia contratar alguém e, se depois de três ou seis meses não desse certo, mandaria embora. Mas ela era uma pessoa doce e gentil, então, não era esse o caso", analisa seu consultor Ian Whitfield, de Calgary (Canadá).

Preencher uma posição nunca é tão simples quanto pode parecer, porque cada função é crítica, especialmente em uma pequena empresa. Sonya administra seu negócio de casa, fazendo marketing de relacionamento e vendas diretas para quatro países. Com seu marido e duas crianças na casa, a nova funcionária "tem que combinar com a família", ela diz.

Sua pontuação de estilo de liderança foi baixa em Comportamento Habitual de Autoridade (37) e ainda mais baixa em Necessidade (23). "Ela não usa a autoridade como um bastão... e precisa de um ambiente em que seja tratada calorosamente e onde demonstrem cuidado com seus sentimentos", afirma Ian. O estilo de Sonya no dia a dia é amigável e cooperativo. Porém, outro aspecto importante do resultado de sua avaliação Birkman apareceu em sua reação oposta e extrema ao Estresse. Sua pontuação em Estresse mostrou que, tipicamente, ela concorda quando alguém se torna dominante, mas "tende a agredir", quando se sente sob pressão e pode até explodir como forma de autodefesa, se for duramente pressionada por muito tempo.

Também foi significativa a pontuação de Sonya em Aceitação, mostrando que ela é "ótima na interação em grupo e boa vendedora... mas recupera as energias quando está sozinha ou junto apenas com as pessoas mais próximas." Ela acrescenta: "Costumo ser uma pessoa sociável, mas a avaliação Birkman mostrou que eu mudo em determinado ponto e preciso de solidão".

Analisando o resultado da avaliação de Sonya, Ian sugeriu adicionar uma dimensão às qualidades que ela estava buscando na assistente que pretendia contratar. O consultor lhe explicou que não havia necessidade de buscar uma profissional com forte estilo de controle e comando, mas que ela precisava de alguém com boa comunicação e que não exigisse muita interação. "Uma pessoa muita direta iria me atropelar", Sonya admite. Ela afirma que o aspecto que a surpreendeu no resultado da Birkman foi descobrir sua baixa Necessidade em Autoridade.

O recrutador que Sonya estava usando planejava lhe enviar três candidatas, mas depois perguntou se poderia apresentar uma quarta pessoa, que precisava praticar a participação em entrevistas. Sonya concordou e contou também com a presença de seu consultor da Birkman em todas as entrevistas.

A principal candidata era experiente e competente, mas, observando-a, Ian desconfiou que sua pontuação em Autoridade seria alta. Ela era assertiva, muito confiante e tinha aquela atitude de "eu posso, eu posso, eu posso", avaliou o consultor. Ele notou a interação entre as duas durante a entrevista e percebeu que, quanto mais a candidata se mostrava confiante, menos Sonya parecia interessada e engajada na conversa.

Depois que as outras candidatas foram entrevistadas, a quarta, a mais jovem e menos experiente, entrou na sala. Embora fosse bem confiante, parecia ser o tipo com baixa Autoridade. Era reservada, mas fácil de conversar. Ian notou Sonya inclinando-se para frente durante a entrevista e considerou que essa linguagem corporal indicava uma conexão.

A primeira candidata faria provavelmente "um ótimo trabalho", Ian sugeriu para Sonya, mas "você pisaria em ovos" e era quase certo que aquela profissional também deveria ter ficado frustrada com o estilo tranquilo da proprietária do negócio.

Você já adivinhou: foi contratada a quarta candidata, que estava lá apenas para ganhar prática em entrevistas. Sonya diz que conhecer sua avaliação Birkman ajudou-a a formular questões às candidatas sobre a coincidência de valores entre elas. "Sem conhecer quem eu sou e com quem devo trabalhar, acho que teria contratado pelo currículo em vez de selecionar a pessoa certa. A avaliação Birkman me ajudou a perceber que adoro empoderar as pessoas. Aquela que eu contratei, preferiu um salário menor desde que trabalhasse com coisas e pessoas de que gostasse", disse avaliando a jovem inexperiente de 23 anos. "No papel, ela não era uma candidata tão atraente como foi pessoalmente durante a entrevista."

Assim que a jovem foi contratada, Sonya fez com que ela também fizesse uma avaliação Birkman. "Deu mais profundidade, porque me fez perceber a personalidade dela e o que a motiva. Ela precisa saber que eu sou uma chefe que quer ajudá-la a crescer profissionalmente." Sonya também descobriu que sua assistente tem alta pontuação em Estrutura. "Então, quando quero que ela faça as coisas, escrevo uma lista." Armada com a avaliação Birkman de sua assistente, Sonya conclui: "Sei o que será frustrante para ela".

"Eu fiz diversos testes de personalidade", conta ela, "mas esse foi o único que colocou tudo em termos de vida real – não apenas a minha personalidade, mas também as minhas necessidades."

Três anos depois, a assistente pessoal de Sonya ainda estava se saindo bem no trabalho.

Nada serve para tudo

Alguns gestores altamente capazes lideram com uma abordagem de baixa Autoridade. Eles tendem a adotar o estilo de "sugerir em vez de mandar", o que também podem alcançar bons resultados. São pessoas que preferem interagir com um estilo de comunicação menos direto. Priorizam as recomendações e as sugestões em vez de oferecer comandos e dar ordens.

O consultor Bob Brewer teve que capacitar um gestor a dominar os dois estilos de liderança para estar à frente de uma pequena equipe de vendas de uma empresa de eletrodomésticos com fábrica em Shreveport (Louisiana).

Joe era "um ótimo gerente de vendas do Oklahoma, de fala mansa, tranquilo, um bom sujeito", é assim que Bob o descreve. Ele tinha um estilo de baixa Autoridade, preferindo uma abordagem jovial da liderança. Seus subordinados diziam que gostavam dessa característica: Joe fazia sugestões sobre como cada um deveria trabalhar seu território em vez de fazer exigências de acordo com as próprias preferências. A equipe de vendas estava desempenhando bem, exceto por um vendedor que não fazia parte do fã-clube do chefe e não era tão bem-sucedido quanto seus colegas.

"Não tenho certeza se ele liga", era o que os outros diziam ao consultor sobre aquele vendedor.

E, então, chegou o resultado da avaliação Birkman feita pelos integrantes da equipe.

"Nós olhamos em volta e seis dos sete presentes na sala tinham baixa Necessidade de Autoridade", conta Bob. "O que descobrimos foi que aquele vendedor tinha alta Necessidade de Autoridade."

"Tenho que saber quem é o responsável", disse o vendedor, ecoando a linguagem do Método Birkman. "Diga-me exatamente o que quer que eu faça e eu farei."

Acontece que, com seu estilo de liderança, Joe estava deixando esse vendedor sem pistas do que deveria fazer para ter um bom desempenho. Com alta pontuação em Necessidade de Autoridade, esse profissional só entendeu Joe, quando ele reforçou sua imagem de chefe. Bob explicou a Joe que, quando falasse com esse vendedor, deveria colocar mais autoridade na voz e falar de forma mais direta, clara e de maneira dominante.

"Bom, isso não sou eu", Joe protestou.

"Joe, você não precisa ser assim todo o tempo, mas veja como ele precisa que você seja. Você pode fazer isso por ele?", Bob perguntou.

"Não ficarei confortável. Não serei natural."

O gestor teve que se esforçar para conseguir agir assim, mas, quando fez isso, os dois se sentiram aliviados.

O MÉTODO EM AÇÃO: *COACHING* DE EXECUTIVOS

Uma quantidade enorme de dinheiro, esforço e tempo têm sido investidos em salas de treinamento organizacional para ensinar os líderes a gerenciar pessoas e, ainda assim, raramente esse aprendizado é incorporado ao tecido cultural da empresa, especialmente nas pequenas empresas. De vez em quando o treinamento é inteiramente desperdiçado sob a pretensão de que contratar o talento certo é o objetivo final desse esforço. No entanto, contratar o profissional certo para a posição certa é somente o início do que pode ser um relacionamento complicado e difícil.

Ajuda na promoção

John B. Lazar, um consultor Birkman de Chicago, considera que a avaliação é ideal para os programas de *coaching* executivo que ele, às vezes, é chamado para realizar com tempo limitado.

Uma gerente de nível médio, trabalhando em uma empresa de utilitários de Chicago, achava que precisava de ajuda imediata e de curto prazo, quando foi convidada a ocupar uma posição de mais responsabilidade. Ela desempenhava bem seu cargo atual; junto com seus três subordinados faziam pesquisa técnica e atendiam os clientes. Mas, para ser promovida, tinha que melhorar suas habilidades de comunicação. Queria chegar ao ponto de se sentir confortável para falar em reuniões, fazer perguntas e expressar suas opiniões, além de ser capaz de definir expectativas e metas para uma equipe maior com autoridade. Seu Comportamento Habitual em Autoridade ligeiramente baixo (37) sugere que ela se sente melhor comunicando-se com as pessoas com uma abordagem persuasiva e mais tranquila. No entanto, também precisava expandir seu alcance e estilo para se tornar mais direta e assertiva. Sua pontuação moderadamente alta em Necessidade (72) provavelmente significa que ela necessita de um chefe que reconheça e agradeça sua expertise e pontos fortes. Dessa forma, pode se sentir mais disposta e capaz de ir além de sua zona de conforto e experimentar novas maneiras de administrar. John foi chamado para ajudá-la a alcançar essas metas, mas foi avisado de que teria somente cinco sessões de *coaching* para conseguir esse resultado. A avaliação Birkman indicou que ela era criativa, capaz de ter uma visão ampla do cenário, e era direcionada para a ação. Parecia confortável e motivada ao trabalhar sozinha ou em pequenos grupos, mas com baixa Necessidade de Aceitação, preferia evitar grandes reuniões. Como tinha baixa pontuação em Comportamento Habitual em Estrutura, não conseguia perceber que algumas pessoas de sua equipe precisavam muito contar com a segurança de uma forte disciplina nos processos. Era sensível ao lidar com as pessoas (alta pontuação em Comportamento Habitual de Estima e Empatia) e direta ao falar sobre questões importantes.

Primeiro, John utilizou o resultado da Birkman para identificar como ela poderia aprender novas abordagens rapidamente. As seções da avaliação "como falar com ela" e "os maiores erros que você pode cometer com ela" faziam as seguintes sugestões:

- Demonstre o respeito apropriado.

- Não tenha receio de discordar abertamente dela.

- Apresente antes a visão geral da ideia e, então, espere por uma resposta antes de entrar em mais detalhes.

- Não cometa o erro de fazê-la obedecer desnecessariamente.

A avaliação também o informou de que a cliente "aprende lendo e/ou escrevendo".

Ele, então, identificou como ela age em situações de Estresse – por exemplo: "pode ficar em silêncio" em determinados momentos ou, no extremo oposto, "tornar-se dominadora, até agressiva". Ele sugeriu que ela começasse a tentar assumir novos comportamentos no trabalho: falar mais em situações de reuniões ou ter conversas regulares com seus subordinados antes do prazo final da entrega de uma tarefa para gerenciar melhor o trabalho delegado. Cada semana ela fazia uma autoavaliação de como estava se aproximando dos objetivos desejados.

John também a ajudou a desenvolver consciência momentânea e confrontou as escolhas que ela fazia. Preferia a comunicação um a um e evitava a interação em grupos (alta pontuação em Comportamento Usual de Estima e baixa Necessidade em Aceitação), então, sua zona de conforto era sentar no escritório e trabalhar. John a empurrou para fora da sala regularmente para dar apoio aos subordinados.

Na quarta sessão, ela teve a coragem de fazer uma escolha ousada: decidiu compartilhar o resultado de sua avaliação Birkman com seu gestor. Isso foi um ponto de partida para uma profunda conversa entre os dois sobre como ele poderia falar com ela para gerenciá-la melhor. Usaram os diálogos da Birkman que direcionam para tópicos universais como: "os maiores erros que você pode cometer com ela", "o que a motiva para trabalhar melhor" e "a natureza de seu estilo de aprendizado".

Segundo ela, a conversa com seu chefe foi positiva e construtiva. O resultado da avaliação deu a ele uma compreensão mais profunda dos comportamentos dela, e isso a possibilitou sentir uma conexão profissional mais forte sendo construída entre eles. Com confiança, ele passou a lhe dar mais oportunidades para desempenhar uma liderança mais explícita, e ela aproveitou todas.

John afirma que se sentiu orgulhoso do rápido progresso de sua cliente: "Achei surpreendente que ela tenha conseguido usar a avaliação Birkman como ponto focal de uma conversa com seu gestor – para dar informações, colaborar e buscar diretrizes para ser mais bem gerenciada por ele".

Talvez ainda mais valioso, de acordo com John, foi o fato de que, dentro e fora do ambiente de trabalho, ela começou a reconhecer que suas necessidades para operar melhor eram diferentes daquelas das outras pessoas. Esse é um conceito central do Método Birkman. A única maneira de compreender isso, diz John, é conseguir entender os outros e não assumir que eles são iguais a você.

Na sessão final de *coaching*, John convidou o gestor dela para participar de uma parte da reunião para que pudessem conversar os três juntos sobre as mudanças ocorridas ao longo dos dois últimos meses. O gestor contou que ela passou a falar mais em reuniões, dar suas opiniões e fazer perguntas de forma a engajar os outros e alimentar as discussões. Ela confirmou que estava trabalhando de maneira diferente com seus subordinados e admitiu que foi desafiador começar a experimentar novas práticas.

De modo geral, seus relacionamentos profissionais mudaram para melhor, apesar de saber que os novos comportamentos ainda iriam demorar um pouco para se tornar rotineiros.

No final da quinta e última sessão de *coaching*, o gestor da gerente afirmou que anunciaria a promoção dela no mês seguinte.

Rejeição ao novo chefe

Em uma grande empresa da Costa Leste, um novo chefe foi encarregado de uma equipe com 12 engenheiros químicos e técnicos de laboratório de pesquisas. O chefe, um homem no começo dos 40 anos que seguiu carreira executiva, além de não ser cientista, tinha sólida experiência em marketing e vendas. Como sempre acontece, ele tinha um talento especial para a gestão e era querido entre seus superiores, mas nunca recebeu treinamento ou teve a oportunidade de aprender como lidar com um grupo de funcionários.

Ainda assim, a diretoria considerou que ele tinha exatamente o que era necessário para liderar a equipe de pesquisa, que já havia conquistado a reputação de ser formada por profissionais taciturnos, discretos e, às vezes, rebeldes. O conflito entre o novo gerente e os subordinados foi instantâneo e intenso. Os funcionários não confiavam no novo líder e o consideravam, além de muito vendedor, um profissional peso leve na arena científica.

A diretoria pediu à consultora Janice Bergstresser, da Pensilvânia, para ajudar o novo chefe a melhorar a comunicação com a equipe e, além disso, aprimorar a colaboração entre os profissionais do departamento de pesquisa. Ela encontrou o executivo sitiado: "Os engenheiros não costumam elogiar. Eles gostam de fazer análises, abrir as coisas para ver como funcionam. O novo chefe levava os comentários deles como se fossem críticas pessoais".

O novo líder, um Verde típico e forte, tinha alta pontuação em Comportamento Habitual em Autoridade e gostava muito de falar – era direto e preso aos fatos. Mas era também baixo em Desafio e não gostava de ouvir críticas. E tinha alta Necessidade em Empatia, que ele não estava conseguindo obter dos subordinados, que se mantinham distantes dele. Para se manter fortificado contra a barreira negativa da interação, ele formou um arquivo de "sucessos" para olhar, quando se sentia particularmente malquisto. O arquivo continha boas notícias que ele havia colecionado em seus anos na empresa, como os relatórios com seus melhores desempenhos e cartas com elogios.

O perfil do chefe na avaliação Birkman mostrou que ele era direto e áspero ao se comunicar com os outros, embora pessoalmente sua Necessidade exigisse que as pessoas fossem sensíveis e respeitosas com ele. Suas pontuações indicaram que ele é rápido para tomar decisões, mas depois tem que meditar bastante sobre elas. Ele aparenta ser simpático e extrovertido, mas leva as críticas dos outros como uma afronta pessoal e como se fossem sempre verdadeiras. Teve também baixa pontuação na habilidade de expressar seus sentimentos. Sua avaliação também indicou diversos pontos fortes. Seu maior ativo era que ele é um Verde, que pode ser encantador e persuasivo. De fato, consistentemente, ele realizava um bom trabalho quando negociava várias questões em nome de sua equipe.

Como havia pouca confiança entre os integrantes da equipe, Janice ofereceu para cada funcionário um feedback individual. Isso deu a chance aos profissionais de conhecerem seus próprios resultados e entenderem o processo do Método Birkman antes de serem convidados a compartilhar as informações – e começarem a construir um relacionamento de confiança. A consultora avaliou a reação do grupo à informação, indicando os pontos fortes e as vulnerabilidades, além do papel que essas duas questões desempenhavam na conquista de determinadas metas. Ela também encorajou os integrantes da equipe a fazerem perguntas sobre o chefe.

Enquanto isso, Janice dava *coaching* ao novo líder separadamente. O primeiro passo foi fazê-lo rever e questionar seus pressupostos sobre os funcionários e sobre como seguir adiante com eles. O objetivo dela era conseguir que ele internalizasse alguns novos comportamentos em seu estilo de gerência. A consultora deu as seguintes sugestões:

- Oferecer agendas completas com dados e números pelo menos um dia antes das reuniões para que os analistas pudessem refletir, reclamar um pouco e conversar sobre o tema com colegas.

- Oferecer mais dados, não menos, nos relatórios para que não houvesse pontos que pegassem a equipe de surpresa.

- Esperar por um consenso, mas não pela concordância imediata.
- Dizer a si mesmo: "Eles estão analisando a ideia, não, me atacando".
- Delegar a análise mais profunda e as decisões de pesquisa para os subordinados diretos, aliviando a própria carga diária de trabalho e ficando apenas com a aprovação final.
- Fazer mais perguntas previamente por e-mail sobre temas das próximas reuniões para não se desgastar ouvindo intermináveis análises preliminares e primeiras impressões.
- Estudar o resultado da avaliação Birkman do grupo na seção "diferenças a observar" entre ele mesmo e cada um dos subordinados diretos. Assim, ele poderia tratar cada um como uma pessoa singular e não todos juntos.

Janice também conduziu sessões face a face de "diferenças a observar" entre o gerente e cada um dos integrantes da equipe que pediu isso; cerca de metade deles fez essa solicitação. Assim que cada um se sentiu confortável com os relatórios individuais, eles concordaram em compartilhar os resultados. A consultora teve duas reuniões com todos presentes, portanto, eles puderam reagir à informação, identificar pontos fortes e vulnerabilidades e discutir como suas semelhanças e diferenças podem contribuir para a conquista das metas.

Durante esse processo, a equipe teve a percepção de que o chefe complementava os talentos deles. Sua habilidade de se comunicar facilmente com a diretoria estava melhorando a reputação do departamento como um todo, e de alguns deles individualmente. Eles estavam sendo mais reconhecidos do que antes. Os orçamentos passaram a ser aprovados com mais frequência, assim como outras demandas da área. O novo gestor tinha as habilidades de negociação que faltavam neles – e no chefe anterior. Compreender as diferenças e as metas comuns havia aumentado imediatamente a harmonia entre o chefe e os funcionários no ambiente de trabalho.

Capítulo 7

Você entrou para ganhar? Vantagem e Atividade

Quanto você realmente deseja vencer? Pelo que exatamente você está jogando? Prestígio? Dinheiro? Status? Quer tornar o mundo um lugar melhor?

Nem sempre é fácil ser honesto ao responder essas perguntas por causa dos pressupostos associados a cada questão em relação ao tipo de pessoa que você é. Isso é especialmente verdadeiro se cresceu em uma família ou uma cultura com regras rígidas sobre o que deve buscar e que franze a testa se você se esforça somente pelos ganhos pessoais.

O Método Birkman coloca o holofote na sua motivação real por recompensa – o que é chamado de Necessidade de Vantagem – sem fazer julgamentos. Como sempre, o resultado da avaliação é apresentado em um espectro de expectativas de recompensas. Dessa forma, mostra o que você realmente deseja para se sentir motivado, não o que os outros lhe dizem que é recompensa. Isso também sinaliza a intensidade de suas necessidades competitivas em status, benefícios, concorrência ou compensação.

Para essa discussão sobre motivação, além da pontuação em Vantagem, é útil combinar seu resultado em Atividade, que é outra forma de mensurar sua participação física no trabalho – seu grau preferido de movimento e ação. Essa questão é importante para determinar se você pode se sentar confortavelmente no seu cubículo para um dia de trabalho – ou uma carreira inteira! – ou se precisa de atividade física regular no dia a dia para se sentir satisfeito.

Quando compreendidas, essas pontuações podem ajudar o empregador a escolher a melhor e mais eficiente forma de oferecer incentivos aos funcionários para mantê-los engajados. O gerente deve recompensar a equipe de vendas inteira por ter atingido suas metas com um voo fretado para o Havaí? Ou os integrantes do time gostariam mais de receber recompensas individuais? Funcionários com baixa pontuação em Necessidade de Vantagem apreciariam a primeira opção, preferindo trabalhar para obter vantagens comuns. Eles não se sentem bem por derrotar os colegas de equipe para ganhar um prêmio. São mais inclinados a gostar de receber o mesmo que seus colegas. Não se mostram muito exigentes em relação a recompensas monetárias e benefícios vindas do empregador. Pode até ser que digam: "Se virem meu bom trabalho, vão querer me recompensar. Eu não deveria ter que pedir isso". De vez em quando, essas pessoas são descritas como idealistas, porque têm que ser estimuladas a pedir o que merecem.

Já funcionários com alta pontuação em Vantagem desejam uma hierarquia clara de recompensas tangíveis para se manter motivados. Medem o próprio valor pela forma com que são compensados e fazem exigências mais consistentes do que os seus pares com baixa pontuação. Salários, benefícios e títulos são importantes, mas até mesmo esses reconhecimentos podem não ser o bastante para essas pessoas que buscam o maior pedaço da torta. Elas dizem: "Não se trata de nós; trata-se de mim. Onde está minha recompensa especial por meu esforço especial?" Alguns costumam ver esses indivíduos como egoístas ou autoprotetores. Os funcionários podem ser eficientes e bem-sucedidos com qualquer um dos estilos ou estando em qualquer ponto do espectro. Estando em uma posição individual ou ocupando um cargo de liderança, o mais importante é compreender que as pessoas respondem de modo diferente aos incentivos de prestígio e dinheiro.

Vendedor gentil no méxico

Prestando serviços à filial da Cidade do México de uma grande indústria farmacêutica dos Estados Unidos, um consultor da Professional Learning Partners percebeu que as diferenças de pontuação no Componente Vantagem estavam por trás das preocupações de um chefe. Seu subordinado representava a empresa em duras negociações de uma grande venda para uma rede de farmácias. Todas as vezes que o funcionário o atualizava sobre as negociações, o gerente considerava seu desempenho muito gentil e suave. Faltava ao funcionário "vigor e energia", de acordo com o que reclamou ao consultor Jorge Lara.

Nessa conversa, Jorge já teve a percepção de que o problema talvez fosse de perspectiva e não de desempenho e, por isso, verificou o resultado da avaliação Birkman dos dois. Como era de se esperar, a pontuação em Vantagem do subordinado que estava na negociação foi de apenas 14, enquanto a de seu chefe estava em 87. O funcionário negociador não era tímido; apenas não estava interessado em "ficar sempre por cima", avaliou Jorge. Em vez de objetivar uma grande vitória na negociação, ele queria encontrar uma solução que fosse adequada para todos.

Assim que o chefe conseguiu entender o pensamento do subordinado, parou de considerar que aquele modo de negociar estava errado. Em vez disso, percebeu que contar com esse tipo de abordagem mais sutil em uma equipe de vendedores agressivos poderia ser um ponto positivo e deixou o subordinado seguir a estratégia.

Em última instância, não existe resposta simples sobre o que você precisa para se manter motivado e, com frequência, não é fácil admitir o que realmente faz você dar tudo de si na realização de uma tarefa. O consultor Jonathan Michael, de Vancouver (Canadá), conta que "brigou" muito com sua pontuação em Vantagem quando fez sua primeira avaliação Birkman. "Cresci em um ambiente religioso, acostumado a não ser egoísta e não pensar primeiro em mim mesmo." Em Comportamento Habitual sua pontuação foi baixa, mas a Necessidade de Vantagem bateu em 99: "Eu sou extremamente competitivo", ele admite agora alegremente. Depois que recebeu o resultado, foi para a universidade estudar Liderança em Organizações Não Lucrativas e aceitou que tinha um objetivo: vencer o principal prêmio acadêmico da faculdade. Ele recebeu esse prêmio – e depois outros. "Fui atrás disso com toda minha garra e meu coração por causa da Birkman. Parei de me desculpar porque quero recompensas. No passado, nunca negociei salário, agora negocio", conclui.

Ao longo dos anos, muitos consultores da Birkman tiveram a oportunidade de trabalhar com integrantes de equipes esportivas das mais diversas modalidades. O que eles descobriram – dos times de baseball aos de basquete e futebol – é que até mesmo os atletas mais bem pagos, de alto desempenho e muito competitivos tinham como denominador comum uma baixa pontuação em Necessidade de Vantagem. Como se pode esperar, porém, têm pontuação bem alta em Atividade. Mas, quando se trata da Necessidade no Componente Vantagem, a mente dos jogadores está mais focada em vencer com a equipe do que individualmente.

Gosta daquele cubículo?

Além de verificar como você se sente motivado, ou não, pela oportunidade de vencer o grande concurso ou receber reconhecimento público, a avaliação Birkman também mensura o que você precisa para se sentir fisicamente confortável – a quantidade de movimento que você prefere fazer ao longo dos dias. Com a pontuação no Componente Atividade, você pode avaliar o tamanho de sua necessidade de estar em um emprego que exija algum grau de esforço físico, além de quanto precisa de demandas cinestésicas para canalizar sua energia física.

Essa é uma maneira elegante de dizer que, mesmo em um emprego de escritório, uma pessoa com alta Atividade vai tender a levantar da mesa e se movimentar sempre que possível, indo talvez três vezes até o hall para passar três recados diferentes. Enquanto isso, as pessoas com baixa Atividade são boas para conservar a energia e podem permanecer ancoradas na cadeira do escritório, levantando-se talvez só depois de organizar três diferentes tarefas para realizar lá no hall da empresa.

Identificar sua Necessidade de Atividade física é outra forma de a Birkman ajudar você e seu empregador a descobrir como dar o melhor uso à sua energia. Você conserva bem sua energia ou precisa fazer saídas ao longo do dia para evitar o sentimento de impaciência causado por passar o dia diante do computador? Pode ser que você realize mais durante a caminhada para ir almoçar do que no almoço propriamente dito. Muitos líderes de negócios relatam que costumam ter suas melhores ideias durante a rotina de exercícios pela manhã.

O Componente de Atividade, no entanto, não reflete sua energia para fazer ginástica; de fato, muitas pessoas que têm pontuações baixas em Atividade costumam ser diligentes com a rotina de exercícios físicos. Em vez disso, esse Componente mostra o grau de sua necessidade em dar saídas regulares do trabalho para expressar suas energias físicas ao longo do dia e se manter à vontade e produtivo.

Como com cada Componente do Método Birkman, existem aspectos que acompanham cada pontuação em qualquer parte que seja do espectro. Mas cada Necessidade também carrega uma armadilha potencial como o outro lado de uma moeda. Os dois estilos comportamentais são essenciais, mas ambos também podem causar danos quando ficam fora de controle.

Um fator inesperado

O consultor Peter Capodice, de Sarasota (Flórida), percebeu que a pontuação em Atividade poderia ser um significativo – e inesperado – fator, quando estava ajudando uma rede de lavanderias de Chicago a encontrar um diretor de marketing. "Nós somos uma empresa pequena, então, o líder de marketing tem que ser *aquele* profissional", disse Michael Corrao, o dono da CD One Price Cleaners.

Ao longo de vários meses, a empresa já havia contratado dois profissionais de marketing e ambos fracassaram na posição. A primeira pessoa durou 12 meses e a segunda, ainda menos do que isso. Os erros na seleção tiveram um alto preço em salário e benefícios – centenas de milhares de dólares –, além do custo intangível em perda de tempo e estresse. Os diretores não conseguiam entender por que os profissionais que haviam sido contratados não deram certo na posição. Por isso, Peter aplicou o Método Birkman no presidente e em seus quatro executivos diretos para ajudá-los a se comunicar melhor internamente antes de voltar a buscar um novo diretor de marketing.

Todos os quatro diretores tinham determinadas características, incluindo uma alta pontuação em Atividade. A mais baixa no grupo era 66 e a média ficou em 76. O consultor entendeu que essa era a razão para a equipe ter uma dinâmica especial de abordagem reflexiva e qualitativa, que os levava a se mover rapidamente nos processos de tomada de decisões. Essa abordagem altamente energética era necessária naquele momento porque o negócio pretendia fazer uma jogada agressiva de marketing em um setor especialmente competitivo.

Peter afirma que, geralmente, desencoraja que o administrador contrate muitos profissionais parecidos com ele próprio, mas também concorda com o aspecto de que muitas diferenças, especialmente com o superior direto, podem ameaçar as chances de sucesso de alguém recém-contratado: "Sim, nós queremos uma mudança ou alguém diferente de você, mas não desejamos que daqui a 90 dias você esteja me chamando de volta. Muitas divergências podem diminuir a produtividade e a eficiência organizacional", pondera o consultor.

Os diretores da empresa ajudaram Peter a mapear que responsabilidades estavam vinculadas a certos Componentes e Interesses do Birkman. Assim, puderam combinar os resultados das avaliações com a cultura corporativa existente, sendo um dos aspectos a considerar a alta pontuação em Atividade. Sua estratégia foi buscar candidatos cujas habilidades fossem complementares aos talentos da empresa, embora ainda continuassem a combinar com a cultura já existente.

Os executivos fizeram uma série de entrevistas para reduzir a lista de candidatos e os três finalistas fizeram a avaliação Birkman para ajudar os empregadores a avaliar suas características. Em seguida, a equipe realizou extensivas entrevistas finais. "Conforme íamos entrevistando os candidatos, foi interessante notar onde estavam as diferenças entre cada um deles e os diretores já atuantes na empresa", lembra Michael.

"O profissional que eles decidiram contratar teve uma alta pontuação em Necessidade de Atividade, embora não tão alta quanto a média da equipe, e os sinais iniciais eram de que havia sido uma boa escolha", afirma Peter. Depois da contratação, o consultor fez sessões de *coaching* com os executivos para mostrar como poderiam trabalhar juntos para garantir o sucesso da equipe.

Trabalho significativo

O presidente de uma corretora imobiliária sediada em Atlanta queria que sua diretora de marketing e vendas fizesse a avaliação Birkman, porque ela não estava deslanchando em sua posição. O presidente achava que ela não tinha uma boa imagem de profissional de vendas. Parecia encarar todo o processo de venda "como se fosse uma vendedora de carros usados", lembra o consultor Steve Cornwell. Ninguém na empresa se sentia em condições de fazer *mentoring* com ela.

Quando Steve viu sua pontuação em Vantagem, verificou que ela tinha pontuação alta em Necessidade, sugerindo que gostaria de ser reconhecida por realizar um bom trabalho. Também tinha altas pontuações em Interesses de Serviço Social (99) e Persuasão (92). "Portanto, para que ela tenha prazer verdadeiro no trabalho, precisa saber que o que está vendendo ajuda as outras pessoas", ele analisa.

Não receber o reconhecimento adequado e não compreender o bem que está causando ao público fizeram com que ela diminuísse a própria opinião sobre o trabalho que realiza. Ao compreender as pontuações Birkman, o chefe aprendeu como atender às necessidades e mantê-la mais motivada. Passou a dar feedback sobre tarefas bem realizadas e explicou a ela que vender não é apenas empurrar um produto, mas beneficiar as pessoas que precisam daquele serviço. Rever seu papel por essa perspectiva fez bem a ela. O diretor foi capaz de assumir esse conceito, adotando uma atitude mais positiva e confiante com a equipe de vendas como um todo. O presidente da empresa afirmou ao consultor que o *coaching* com o Método Birkman e as subsequentes sessões de vendas ajudaram a melhorar significativamente o desempenho em apenas alguns meses.

Sensibilidade em vendas

A primeira orientação de Dave Agena ao Método Birkman aconteceu quando ele era executivo sênior em um dos maiores bancos hipotecários em operação nos Estados Unidos. Ele queria ter uma visão geral das competências de 10% de seus principais gerentes de contas para usar essas informações como base para os futuros processos de seleção de funcionários. O próprio executivo submeteu-se à avaliação Birkman e analisou os resultados com um consultor.

"Fiquei mortificado! Eu não cabia no estereótipo do que eu mesmo considerava um executivo nacional de vendas de alto desempenho e bastante competitivo", ele conta.

Sua alta pontuação em Estima o fazia parecer muito sensível diante da imagem que tinha de si mesmo como um executivo de vendas durão. Seu resultado geral em Comportamento Habitual no Relatório de Estilo de Vida o colocava no perfil Azul e não nos típicos Vermelho e Verde, que são mais associados aos profissionais que recebem por comissão de vendas. Também tinha o que o Birkman denomina de reversão na pontuação de Vantagem – o que é raro. Isso significa que ele tende a pedir por recompensas individuais, quando, na verdade, gostaria de ser avaliado com base no desempenho da equipe – exceto quando tem uma performance excepcionalmente boa e deseja o reconhecimento. Nesse caso, ele se preocupou por talvez estar sabotando sua participação autêntica no trabalho remunerado por comissão ou no sistema de recompensas para a equipe. "Eu não me importo em realizar para o grupo quando todo mundo está dando a sua contribuição, porque tenho uma visão de mundo altruísta. Infelizmente, isso nem sempre combina muito bem com a cultura de remuneração de vendas por comissão", ele avalia.

Ele logo percebeu que o que considerava como suas fraquezas eram, de fato, seus pontos fortes. A consultora Claire Carrison lhe mostrou que ele era um executivo eficiente precisamente porque se relacionava com uma ampla gama de pessoas e sabia como oferecer a elas os incentivos adequados. A eficiência de seu estilo estava no fato de ele conseguir fazer os outros comprarem uma ideia e não empurrá-la garganta abaixo das pessoas. Essa diretriz serviu tão bem a ele que continuou sua carreira de sucesso no setor de hipotecas e depois fundou duas firmas de consultoria em gestão.

"Tenho um alto grau de inteligência emocional, o que eu não entendia até fazer a avaliação Birkman", conta Dave que, finalmente, tornou-se um de nossos consultores. "É como ouvir sua voz pela primeira vez em um gravador ou se ver pela primeira vez em um vídeo. De início, você não se reconhece", conclui.

A fraternidade da vantagem

Uma universidade estava enfrentando problemas com uma de suas fraternidades cujos integrantes estavam sempre arrumando encrenca com festas fora do controle e quebrando muitas regras do campus – o máximo que conseguiam. A fraternidade já estava em observação há algum tempo e a ponto de ser expulsa do campus, quando Wilson Wong, de Atlanta, foi chamado. O consultor aplicou a avaliação Birkman nos 64 estudantes universitários que formavam aquela fraternidade.

O aspecto mais surpreendente do resultado deles foram suas altas pontuações em Vantagem, o que significava que a maioria era direcionada pela promessa de ganho pessoal. Eles eram tão competitivos que estavam gostando de serem os piores em comportamento! "Eles eram todos competitivos não só entre eles, mas com os outros também", lembra Wilson.

O consultor tinha que lhes dar um novo foco de recompensas, o que na idade deles ainda queria dizer ser notado ou receber reconhecimento. "Em um campus universitário, o Componente Vantagem refere-se à reputação – ser percebido como o melhor dos melhores e não somente por seus semelhantes, mas pela universidade como um todo", diz o consultor.

Wilson persuadiu os integrantes da fraternidade de que cada um teria mais ganhos e receberia mais visibilidade e reputação se focasse aquela considerável energia competitiva – com tendência também às altas pontuações em Necessidade de Atividade – para realizar o bem. Então, eles passariam a ser respeitados e percebidos como pioneiros e desbravadores. "Eles adoraram a ideia", conta Wilson.

A fraternidade envolveu-se mais com as atividades no campus e com o trabalho comunitário. Eles ainda davam muitas festas, mas agora eram responsáveis. Depois de algum tempo, seus feitos positivos começaram a ser notados e até as festas da fraternidade foram consideradas as melhores do campus. Passaram a receber elogios dos colegas e da administração da universidade. Agora, cerca de dois anos acadêmicos mais tarde, eles são considerados como modelo de gestão de uma fraternidade. Ao reconhecer e compreender o significado das altas pontuações em Necessidade de Vantagem, Wilson ajudou o campus a formatar uma recompensa que atendia o que aqueles universitários queriam.

O MÉTODO EM AÇÃO: DIVERSIDADE

A filosofia do Método Birkman é que os indivíduos são complexos, cada um possuindo importantes pontos fortes e valiosos para qualquer ambiente de trabalho – desde que revelados e utilizados. De modo geral, o método ensina a apreciar o valor dos outros e a reconhecer que a força do grupo está na variedade dos pontos fortes dos participantes. Esta filosofia é o cerne da diversidade, que a maioria das grandes organizações define, em termos gerais, como a inclusão de gênero, raça, etnia, religião, experiência, idade e um bom número de desafios pessoais. O esforço de ampliar a diversidade é ameaçado quando paramos de ver o indivíduo e, em vez disso, fazemos um julgamento rápido e genérico à primeira vista. O Birkman nos força a olhar mais profundamente para buscar o que direciona e motiva os indivíduos, e como nos encaixamos no ambiente de trabalho.

Olhando para os indivíduos

A diretora de desenvolvimento de liderança e diversidade de uma empresa classificada entre as 500 da Fortune no setor alimentício afirma que a Birkman tem sido uma ferramenta valiosa para fazer avançar os esforços de inclusão da empresa.

"Nós falamos de diversidade em camadas. O primeiro ponto que reparamos em uma pessoa pode ser preto, branco, homem, mulher, velho, jovem. Mas não é assim que se fazem os negócios e nem como o trabalho é avaliado", afirma. Segundo ela, o Método Birkman faz com que os colegas de trabalho se conectem por suas características em comum, mas também por suas diferenças – "Ele gosta de trabalhar sozinho", "Eu gosto de trabalhar em grupo" – vendo as cores somente em termos de Vermelho, Azul, Amarelo e Verde e das valiosas contribuições que cada um pode oferecer ao processo de trabalho. "Com o Birkman, todos os tipos são valiosos. Então, isso gera um rápido e profundo grau de confiança e podemos seguir em frente para o próximo patamar", ela avalia.

Os funcionários começaram a conversar na língua inclusiva do Birkman. "Em nossa empresa utilizamos a abordagem de 'variar, não mudar'.

Não mudamos quem você é, mas desenvolvemos uma ampla variedade de perspectivas e habilidades para trabalhar colaborativamente com aquelas pessoas que são muito diferentes de você. Nós nos esforçamos para realmente fazer valer essa variedade. Isso revela a diversidade de nossas equipes de trabalho, acelerando a inovação e a solução de problemas", assegura a diretora.

Patti Corbett Hansen, uma das consultoras Birkman que trabalhou intensamente com essa empresa, ajudou a desenvolver relatórios e estruturou sessões em equipe para maximizar o valor das avaliações no desenvolvimento de lideranças e diversidade. "Esses recursos de desenvolvimento de lideranças estão impactando nossa cultura de uma maneira positiva e criando um ambiente em que os melhores aspectos de todos os grupos vão conquistando o sucesso", avalia a diretora de diversidade.

Atuando no caso a caso, o Birkman nos lembra de que ninguém consegue resolver uma questão complexa com uma resposta simples. A diretora de desenvolvimento de liderança e diversidade daquela empresa recorda do problema surgido, quando a equipe começou a entrar em conflito com um dos diretores. Os funcionários começaram a ver o problema como uma questão de diversidade, considerando que se originava no fato de o diretor ser estrangeiro e ter uma maneira diferente de exercer sua autoridade. Mas, assim que o grupo recebeu o resultado de suas avaliações Birkman, os funcionários logo entenderam por que o diretor parecia tão ríspido – e não era muito diferente do resultado de vários deles. Ele tinha baixas pontuações em Comportamento Habitual em Estima e Empatia, mas altas em Necessidades desses dois Componentes, indicando que tinha um estilo dominador como chefe, mas pouca tolerância com quem o tratasse da mesma maneira.

"Chegamos ao *porquê* e ao *como* do problema. A avaliação Birkman mostrou como os indivíduos são complexos e, se os estereotipamos, perdemos essa visão. Muito do que faz uma pessoa se mover é ter certeza de que suas necessidades estão sendo atendidas. Nós temos que conhecer realmente uma pessoa para entrar em conexão e compreendê-la", avalia a diretora.

São as semelhanças

O caso anterior, com certeza, deve soar verdadeiro para Beroz Ferrel, de Kent (Washington), uma consultora que usou o Método Birkman para solucionar o que parecia ser um conflito cultural em uma organização não lucrativa. O conflito era entre duas funcionárias e estava se tornando destrutivo para a organização como um todo. "Quando eu sentava com cada uma delas, era perceptível que as duas eram muito diferentes uma da outra – uma mulher nascera nos Estados Unidos e a outra havia nascido na Ásia", conta Beroz.

"No entanto, não eram as diferenças de estilo que estavam gerando os conflitos e sim, as semelhanças. As pontuações delas em Necessidade de Estima eram as mesmas – ambas altas –, assim como em Necessidade de Empatia. As duas eram bastante sensíveis e estavam apenas tentando ver suas necessidades atendidas de maneiras diferentes", avalia a consultora.

Um conflito que foi inicialmente avaliado como resultante de diferenças étnicas era simplesmente a típica confusão entre duas pessoas com diferentes necessidades e estilos de trabalho. A mulher norte-americana tinha um estilo de Comportamento Habitual que a fazia parecer confiante e segura de si, mas em situações de estresse, ela tendia a colocar a culpa nos outros. A mulher asiática tinha um perfil que sugeria alguém que duvidava de si mesma e tinha a tendência de assumir responsabilidades pelas pessoas e pelos eventos mais do que deveria. "Essas diferenças perpetuavam entre as duas, gerando uma relação de desconfiança, e fazendo com que sempre ficassem irritadas com suas diferenças de estilo", afirma Beroz.

O Método Birkman buscou além dos estereótipos para revelar os indivíduos e destruir o mito do conflito de culturas. Segundo Beroz, "nós achamos que as diferenças mais visíveis são o que cria os desafios. Dizemos: 'Bom, é a nossa raça, nossa história ou porque somos homens ou mulheres que não entendemos uns aos outros.' Mas as pesquisas mostram que os obstáculos são realmente as diferenças de estilos e nós não temos consciência delas. Portanto, vejamos antes nossos estilos com a avaliação Birkman para, a partir disso, poder entender as outras dimensões da diversidade."

Capítulo 8

COMO SUAS EMOÇÕES PODEM AJUDAR OU PREJUDICAR UMA DECISÃO: EMPATIA E REFLEXÃO

O estereótipo corporativo nos Estados Unidos[1] é a existência de um ambiente estéril que transforma os funcionários em robôs seguindo suas rotinas diárias com extraordinária eficiência. Qualquer pessoa que trabalhe em um escritório sabe, no entanto, que há um cenário emocional, político e volátil no qual a produtividade e a eficiência podem ser prejudicadas por uma série de problemas.

Compreender quanto de emoção e quanto de reflexão as pessoas colocam em seus processos de decisão pode nos ajudar a escapar das minas terrestres existentes naquele cenário perigoso. A Empatia e a Reflexão são dois Componentes críticos que nos mostram o processo de dar e receber, atuante na tomada de decisões.

A Empatia refere-se a como você é visto expressando seus sentimentos e também ajuda a entender como os outros manifestam as próprias emoções. Mensura o processamento de nossas emoções, o grau de satisfação que sentimos ao nos expressar emocionalmente e, em última análise, como nos energizamos com nossas emoções. A pontuação de Necessidade no Componente de Empatia é uma janela importante que se abre sobre nosso comportamento e serve para verificarmos algumas diferenças críticas em nosso relacionamento com os outros. Nós pareamos esse aspecto com a Necessidade no Componente de Reflexão, que mede a velocidade de nosso processo decisivo e a quantidade de detalhes desejados antes de nos sentirmos confortáveis para decidir.

---

1 Podemos considerar tal estereótipo como sendo geral em toda a cultura ocidental. (N.T.)

Você pode estar imaginando que, finalmente, tropeçou em um conceito que tem potencial para ser uma pontuação "maligna"! Afinal, ninguém quer ser visto no ambiente de trabalho como a rainha do drama. Até agora você apreciou as vantagens de estar em qualquer ponto do espectro de 1 a 99 nas pontuações da avaliação Birkman. Mas é exatamente igual com a Empatia: não há um jeito melhor ou pior de ser. Seis décadas e um banco de dados com o resultado de milhões de avaliações confirmam: existem pessoas com pontuações de Empatia ao longo de todo o espectro e essa variedade de respostas emocionais proporciona benefícios para a sociedade como um todo. Você vai entender facilmente porque ter Empatia é uma virtude em qualquer cenário.

Obviamente, todos nós nos importamos e temos sentimentos. O Componente da Empatia, portanto, não discute se temos sentimentos; refere-se ao reconhecimento de nosso grau de conforto ao expressar nossas emoções e quanto gostamos das demonstrações emocionais. Nossas diferenças de estilos e necessidades nessa área estão fortemente conectadas ao autocontrole, forma de relacionamento com os outros e escolha de carreira.

A Necessidade, no espectro da Empatia, pode descrever os aspectos mais sutis de nossos sentimentos para que possamos identificar, admitir e compreender esses contrastes. Como nos demais Componentes do Método Birkman, a maioria de nós fica em algum ponto entre os dois extremos do espectro, mas é sempre mais fácil falar sobre o preto no branco do que sobre os muitos tons de cinza. Vamos falar a seguir sobre exemplos extremos de pontuações em Empatia para facilitar a descrição do Componente. Além disso, indicaremos em que momento as pontuações mais intensas aumentam o potencial de equívocos, especialmente ao lidar com pessoas com tendências nitidamente contrastantes.

Puro sentimento

As pessoas com alta pontuação em Empatia são profundamente conectadas e conscientes da própria emocionalidade. Os funcionários que pontuam alto nesse Componente são vistos como bastante expressivos, entusiasmados, apaixonados e muito provavelmente costumam usar uma linguagem mais enfática e colorida do que o habitual. Em outras palavras, é divertido estar perto deles! Qualquer setor pode ser recompensado por contar com um funcionário com esse perfil na equipe – é capaz de fazer conexão com os clientes ou aquecer o ambiente com seu entusiasmo. Mais especificamente, as qualidades de quem tem alta Empatia dão os melhores resultados em atividades que sejam intuitivas e baseadas em desempenho, incluindo escrever, cantar, falar em público ou defender uma causa jurídica.

O estilo de alta pontuação em Empatia também pode se tornar imprevisível em situações de Estresse, especialmente quando combinado com alta Autoridade. Nesse caso, é provável que ouçamos uma mensagem dada com grande carga emocional e em voz alta. É importante encontrar uma maneira produtiva de reconhecer as Necessidades emocionais de uma pessoa com alta Empatia que deseja ser ouvida sem comprometer o trabalho e os objetivos dos outros.

O resultado da Birkman tem a capacidade de oferecer uma visão mais profunda do comportamento em múltiplos níveis: Comportamento Habitual, Necessidades e Estresse. O problema potencial dessa forte emocionalidade é que no modo Estresse, as pessoas com alta Empatia podem se sentir desencorajadas e até se tornar depressivas. Com bastante facilidade, podem se sentir presas na situação de Estresse, inundadas pelos próprios sentimentos e considerando difícil entrar em ação. Ironicamente, entrar em ação e se engajar em atividades positivas – exercícios físicos e oferecer ajuda a alguém – pode ser o antídoto. Essa é a forma mais eficiente de superar esse tipo de inércia emocional.

Emoções à parte

O Método Birkman também pode destruir a fachada e revelar onde a pessoa com baixa pontuação em Empatia pode estar escondendo sua Necessidade por mais emoção, isto é, o desejo por respostas mais calorosas e compreensivas. Você pode exibir, por exemplo, um Comportamento Habitual de baixa Empatia no ambiente de trabalho, mas, quando vai para casa, percebe que é capaz de processar sua alta Necessidade de Empatia, confiando nos ouvidos compreensivos de seu cônjuge ou de um amigo. Na Figura 8.1, o profissional tende a demonstrar pouca emoção em relação aos outros e prefere que as pessoas o tratem de maneira mais direta e prática, deixando os sentimentos de lado. Podem surgir problemas quando essa pessoa se encontra sob Estresse e passa a desconsiderar os sentimentos dos outros, exigindo apenas que "superem aquilo".

As pessoas com baixa Empatia mostram-se objetivas, lógicas e no controle de suas emoções. Às vezes, chegam ao ponto de manter certo distanciamento frio, preferindo evitar o que chamam de "excesso de drama". Os consultores da Birkman International e outros pesquisadores já observaram uma mudança geracional ao longo das décadas entre os profissionais com MBA. Eles tendem a demonstrar um comportamento de maior distanciamento emocional – pelo menos, no Comportamento Habitual, mas não necessariamente em Necessidade. Além disso, embora as mulheres sejam frequentemente vistas como mais emotivas, o banco de dados da Birkman mostra que não há relação de gênero no que se refere a esse Componente.

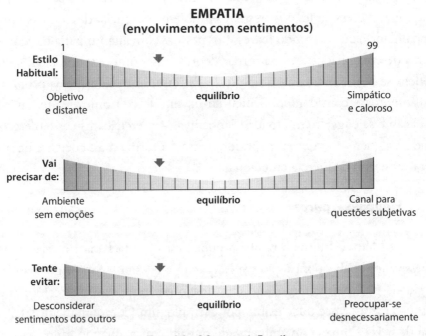

Figura 8.1 – O Componente Empatia

O aspecto positivo da abordagem de baixa Empatia é a possibilidade de optar por apresentar soluções práticas e ações imediatas na solução de problemas. Quanto mais baixa for sua pontuação, menor será sua necessidade de compreensão verbal. Na verdade, essa abordagem pode aborrecer ou até deixar você desconfiado. Em sua opinião, "bastam os fatos, madame" com pouca necessidade de simpatia ou de dramalhão. É fácil perceber que essa qualidade é essencial para quem realiza trabalhos que exigem respostas rápidas e objetivas e muita ação mental, como por exemplo, pilotos de avião ou neurocirurgiões. A maioria dos paramédicos e dos especialistas em emergências médicas tem baixa Empatia porque, embora estejam cuidando e sendo úteis para os outros, eles precisam manter o distanciamento.

As pessoas com baixa Empatia podem entrar em conflito com alguém que não busque a ação imediata, mas prefira um ouvido sensível para escutá-las sem oferecer nenhuma solução prática. Elas podem frustrar seus colegas de alta Empatia dizendo apenas: "Resolva o problema" ou "Volte quando estiver melhor".

Sentimentos escondidos

As pessoas com baixa Empatia também se importam profundamente com os outros e têm emoções fortes. O que a Birkman está medindo com esse Componente é como as pessoas escolhem lidar com essas emoções e até que ponto elas permitem que os sentimentos tenham um papel em suas interações.

Uma consultora ficou surpresa por ver como a Empatia mobilizou as discussões, quando ela aplicou a avaliação Birkman em 6 alto executivos de uma empresa de construção em Kansas. Ela trabalhava com o time de liderança para assegurar que suas metas e planos de ação estivessem alinhados e eles pudessem ser mais eficientes. De repente, durante uma sessão de feedback, um dos executivos parecia muito abatido por sua pontuação extremamente baixa em Empatia – 10 em Comportamento Habitual e o mesmo em Necessidade. Suas preocupações não se relacionavam a nada no trabalho, mas podiam ser críticas para a manutenção de sua energia e motivação no dia a dia. Ele havia terminado de encerrar um processo de divórcio, chamado por ele como "horrível e amargo", no qual conseguiu a custódia parcial dos filhos. Sua preocupação era que a baixa pontuação em Empatia significasse que teria dificuldade para manter a conexão afetiva com as crianças. "Ele estava à beira das lágrimas. Se eu tivesse uma ideia estereotipada dos profissionais da área de construção civil, eu poderia ter me equivocado", relembra Stacey Mason, consultora em Arkansas.

Ela explicou aos executivos que a pontuação em Empatia mostra mais como a pessoa expressa seus sentimentos do que aquilo que realmente sente. "Ter uma baixa pontuação em Empatia, seja em Comportamento Habitual ou Necessidade, quer dizer que aquele indivíduo demonstra as emoções de uma maneira prática", afirma. A baixa pontuação daquele executivo em Empatia significava que ele via a si mesmo "como tão emotivo quanto à média das outras pessoas – nem mais, nem menos" e, além disso, não se deixaria abater por ter ficado um pouco abaixo.

Todos os outros executivos opinaram, afirmando que o viam como um profissional gentil e compreensivo. "Ele era muito amoroso. Eles formavam um grupo próximo, mas o Birkman lhes deu um instrumento mensurável para direcionar a conversa", conclui Stacey.

Eles usaram a avaliação como um trampolim em vez de uma ferramenta para desnudar suas almas. Chegaram a um nível em que era possível dizer o que era necessário ser dito sem forçar a postura ou usar a linguagem emocional.

Amiguinha demais?

Nem sempre seus colegas estarão abertos para conversar sobre a vida doméstica no trabalho ou vão se mostrar dispostos a fortalecer os laços pessoais. Uma equipe recém-formada de serviços domésticos de luxo em Atlanta descobriu, depois de fazer a avaliação Birkman, que 5 de seus 7 integrantes tinham pontuações próximas em Empatia: baixa em Comportamento Habitual e Necessidade. Um membro da equipe tinha baixa pontuação em Comportamento Habitual e moderada em Necessidade. A mais nova integrante da equipe, porém, era o ponto fora da curva, tendo pontuação alta em Comportamento Habitual e em Necessidade de Empatia.

De modo geral, a cultura do ambiente de trabalho era informal, mas também bastante impessoal na condução das tarefas diárias, diz o consultor Steve Cornwell. Eles costumam ir direto ao ponto – nas grandes e pequenas questões –, agindo de uma maneira tipicamente prática e objetiva.

A nova integrante do time, ao contrário, era extremamente pessoal e, sendo recém-contratada, tentava ser agradável com os outros. "Ela enviava cartões de agradecimento por pequenos gestos e nunca se esquecia de cumprimentar pelos aniversários ou de comemorar todos os eventos especiais. Era a primeira a dar bom dia e boa noite", conta Steve.

Sua grande alegria impactava negativamente nos outros. Eles desconfiavam da verdadeira motivação da nova funcionária, achavam que ela era fingida ou, na melhor hipótese, que estava se esforçando demais para agradar. Ela mal abria a boca e o resto do grupo revirava os olhos. "Nós não gostamos de todo esse calor humano e alegria por aqui. Estamos todos aqui para trabalhar e é isso. Não ficamos tentando ser os melhores amigos para sempre de ninguém", falou um dos funcionários ao consultor durante uma sessão individual.

Steve fez uma sessão conjunta para rever o resultado das avaliações Birkman de cada um. Ele traçou um gráfico mostrando as pontuações em Comportamento Habitual e Necessidade dos Componentes para cada integrante da equipe, marcando um ponto com as iniciais de seus nomes. Ele repassou um a um todos os 11 Componentes.

"Quando chegamos ao Componente da Empatia, foi interessante ver a reação da equipe", conta Steve. Ficaram chocados com o tamanho da diferença entre a pontuação média e a da nova funcionária. Rapidamente, eles perceberam como haviam cerceado a moça.

"Quando expliquei o que aquilo significava, a nova integrante da equipe exclamou: 'Finalmente!' e ninguém se surpreendeu por ela ter lágrimas nos olhos. Pela primeira vez, o time conseguiu perceber o que ela estava enfrentando", Steve diz com uma risada.

Toda a equipe concordou que eles foram muito ásperos com ela em várias ocasiões. Nunca haviam pensado no que aquele tratamento podia causar ou como o peso do impacto coletivo caía sobre ela. E como o Método Birkman sempre busca o equilíbrio, a integrante com alta pontuação em Empatia também foi orientada: ela percebeu como aumentava o problema por não se manter prática e objetiva ao interagir com colegas que claramente não apreciavam seus esforços especiais.

"Pudemos conversar abertamente sobre a melhor forma de trabalharmos juntos e seguir adiante. No final da sessão com a equipe, todos estavam fazendo piadas sobre as diferenças entre eles e houve até alguns abraços – provocados adivinhem por quem?", finaliza Steve.

Pense sobre isso

As pessoas com baixa pontuação em Reflexão são rápidas para tomar decisões e tendem a se orgulhar dessa habilidade. Em muitos aspectos do trabalho na área de negócios e governamental, a capacidade de tomar decisões depressa é altamente valorizada. É um atributo vital para uma economia em ritmo de *just-in-time* e nos momentos de crise. Mas ser muito impulsivo é perigoso, especialmente para alguém em posição de liderança. É a mentalidade do estar sempre pronto para atirar no alvo.

Embora agir com diligência seja positivo, o excesso de reflexão pode ir da ação prudente para a ansiedade absoluta, especialmente no ambiente de trabalho onde a equipe aguarda por orientação para levar adiante a tarefa em questão. Se você teve uma pontuação em Reflexão no meio do espectro, isso significa que, algumas vezes, pode tomar decisões rapidamente e, em outras, pode ser mais lento – em outras palavras, depende da situação ou das circunstâncias. As pontuações médias geralmente tendem a ser menos para a maioria das pessoas. Às vezes pode refletir em demasia e, às vezes, ser rápido.

Um funcionário de São Francisco colocou seu emprego em risco, quando seu chefe começou a considerar imprudente seu estilo de tomar decisões muito rápidas. Ele era tesoureiro em uma grande firma hipotecária. O chefe dele era o vice-presidente executivo e tinha certeza de que o tesoureiro não estava agindo com a devida diligência para tomar decisões importantes. Para ele, estava na hora de começar a pensar em substituir o tesoureiro por um profissional mais cuidadoso.

O vice-presidente chamou a consultora Claire Carrison, que tinha experiência em fazer *coaching* de executivos com pontuação situada nas pontas extremas do espectro da Reflexão. Ela o aconselhou a não tomar nenhuma decisão final antes que ele e o tesoureiro fizessem a avaliação Birkman. "Vamos ver se conseguimos entender melhor o que está acontecendo aqui", ela falou ao ansioso executivo.

Como ela suspeitara, a avaliação Birkman mostrou que o vice-presidente tinha uma pontuação bem alta – perto de 90 – em Comportamento Habitual e Necessidade de Reflexão, investindo muito tempo no processo decisório. Essa característica o deixava desconfiado de todo subordinado que não seguisse o mesmo processo longo e detalhado. Já o tesoureiro tinha pontuação em Reflexão abaixo da média. Nas discussões mais aprofundadas, Claire descobriu que o tesoureiro não havia tomado realmente nenhuma decisão errada, mas criara aquela suspeita no vice-presidente apenas por seu estilo de trabalho. "Assim que o vice-presidente executivo viu que suas pontuações estavam no extremo oposto em Reflexão e, portanto, no estilo de tomar decisões, ele entendeu que não se tratava de estar errado ou certo – era uma questão de ser *diferente*", afirma Claire. O emprego do tesoureiro foi salvo.

Análise paralisante

Muitos líderes são atormentados pelo comportamento da outra ponta do espectro – ficam bloqueados pelo excesso de reflexão antes da tomada de cada decisão. Nancy Thompson, consultora certificada na Birkman, que atua na Procter & Gamble, em Cincinnati, aprendeu como o excesso de análise prévia pode ser paralisante, quando a empresa estava consolidando as atribuições dos funcionários da área de logística.

Ela aplicou a avaliação Birkman nos líderes da equipe. Um deles era conhecido por emperrar o andamento das reuniões e o resultado mostrou o motivo: tinha alta pontuação em Comportamento Habitual de Reflexão (92), enquanto os demais ficavam entre 6 e 18. O líder com alta pontuação gostava de falar – e falar e falar – repassando todos os detalhes antes de tomar a decisão.

"Observei várias vezes como Alex [não é seu nome verdadeiro] emperrava as reuniões com longas discussões circulares, revendo tudo o que os outros haviam dito", conta Nancy. "Sua fama já era conhecida pela maioria e os executivos paravam de prestar atenção assim que ele começava a falar", apesar do fato de Alex ser confiável e ter valiosas contribuições concretas a oferecer às discussões.

Nancy decidiu usar um recurso visual para quebrar o gelo na sessão conjunta, pedindo que os líderes se exercitassem com faixas elásticas para ilustrar como a forma de pensar de Alex era diferente dos demais. Não estava muito otimista em relação ao sucesso dessa sessão por causa dos hábitos arraigados na equipe e do clima de hostilidade que já se criara. Mas o recurso visual deu certo. O grupo viu o claro contraste e repentinamente todos se tornaram mais compreensivos com o colega que pensava diferente, enquanto Alex percebeu como seu excesso de reflexão estava prejudicando o ambiente no escritório.

Alex manteve-se quieto por boa parte do dia, enquanto acontecia a sessão de feedback das avaliações Birkman, resistindo à sua usual urgência de repetir tudo o que os outros diziam. Finalmente, ergueu a mão e perguntou: "Sei que, em geral, eu sou 'o peso da nossa convivência' e prometo não fazer mais isso, mas posso dizer apenas algumas palavras?"

Todo mundo parou de escrever, largou a caneta e virou o rosto para ouvi-lo. Os demais colegas escutaram com cortesia e atenção enquanto Alex falou.

"Os líderes com baixa pontuação em Reflexão identificaram como respeitar o estilo de Alex. Aposto que aquela foi a primeira vez em anos que ele conseguiu receber tanta atenção deles", avalia Nancy.

Depois de alguns minutos, Alex falou: "OK, é isso que eu queria dizer".

Desse dia em diante, diz a consultora, ele jamais teve recaídas para aquele antigo estilo de falar detalhado, redundante e aborrecido.

Tempo para refletir

O Componente Reflexão também era muito significativo para Bayley Kessler, de Lacey (Washington), empreendedora que tentava há vários anos lançar seu negócio de flores e design de joias. Sua avaliação

Birkman dava pistas sobre a razão para ela estar demorando tanto para concretizar a empresa: sua pontuação em Reflexão chegou ao máximo de 99 em Componente Habitual e também foi alta em Necessidade (84). "Uma pontuação alta como essa indica uma pessoa super-reflexiva, que não exige decisões imediatas", afirma Jenny Capella, consultora que também é irmã de Bayley e achou positiva a oportunidade de usar o Método Birkman para fortalecer o vínculo familiar.

Toda vez que Bayley tinha que pensar sobre um assunto ou responder a uma questão, quase sempre acabava em silêncio. Jenny considerava essa reação como confusão e começava a dar mais e mais informações, o que fazia a irmã ficar ainda mais estressada e até com paralisia mental.

Depois de receber o feedback de sua avaliação Birkman, Bayley compreendeu que precisava de muita reflexão e passou a pedir aos outros esse tempo antes de tomar uma decisão. "Agora nós duas temos um acordo. Quando Jenny me faz uma pergunta, respondo primeiro que estou pensando com meus 99 pontos (por causa da alta pontuação em Reflexão). Agora ela sabe que estou apenas refletindo e não se sente compelida como antes a me dar mais informações porque não respondi imediatamente."

As duas irmãs ficaram surpresas porque Bayley também teve uma pontuação bem alta em Comportamento Habitual de Empatia e bem mais baixa em Necessidade. O Comportamento Habitual faz sentido por causa de sua natureza empática. Mas, quando Jenny tentava consolar a irmã sendo extremamente compreensiva quando algo dava errado, Bayley ficava frustrada.

"O que ela precisava era lógica – a prática e bem fundamentada lógica. Ao longo de tantos anos eu interpretei mal as reações dela", admite Jenny.

Dispondo dessas informações sobre si mesma, Bayley tornou-se mais confiante sobre sua perspicácia empreendedora: "Compreendendo melhor o meu processo, posso falar com muito mais confiança sobre negócios", afirma.

Também aumentaram a confiança dela suas pontuações altas em arte e mecânica, demonstrando que a combinação entre design de joias e flores faz bastante sentido.

A transformação, diz Jenny, foi surpreendente: "Foi dramática e continua dramática até hoje... Ela desabrochou, agindo com sua própria energia e no seu próprio ritmo." Essa transformação também ajudou as irmãs a nutrirem o relacionamento entre elas.

TEMPO EM FAMÍLIA

O processo de Reflexão, como é medido no Método Birkman, pode desempenhar um papel revelador em nossas atividades e relacionamentos diários. O consultor Ron Baker, de Ontário, foi capaz de mostrar a um casal – doutor Ervis Duardo Perez e sua esposa, Tamara Pina – como o Componente Reflexão funciona em um ambiente social.

"O como ele toma decisões é um ponto importante entre nós. Nos momentos de crise, eu tenho uma ideia ou tomo uma decisão na hora. Ervis leva um bom tempo para decidir, mas, assim que decide, nada mais o faz mudar de ideia. Eu sou mais rápida, mas posso mudar de ideia", analisa Tamara.

Na linguagem Birkman, isso significa que ele tem pontuações altas em Reflexão em Comportamento Habitual e Necessidade. "Ele é um pensador obstinado", afirmou Ron sobre Ervis. Por sua vez, Tamara tem perfil de baixa pontuação em Reflexão.

Depois de uma sessão, Ron conta rindo sobre o jantar que teve com o casal: "Em 60 segundos [Tamara e eu], já sabíamos o que queríamos pedir", lembra Ron. "Ervis dispensou a garçonete uma vez quando ela se aproximou. Depois, dispensou novamente. E ainda a mandou embora mais uma vez. Eu disse: 'Veem como é que funciona?'"

O MÉTODO EM AÇÃO: O ESCRITÓRIO GLOBAL

O Método Birkman ajuda a mudar a discussão sobre a integração do ambiente de trabalho global, visando dar menos foco nas diferenças culturais e mais nas similaridades entre os indivíduos. As pessoas são mais parecidas do que diferentes. Colocando de outra forma, as diferenças entre os indivíduos de uma determinada nacionalidade são maiores do que as diferenças entre as nacionalidades.

No entanto, essas questões ficam ainda mais complexas em termos globais por causa da grande amplitude da diversidade; temos que admitir e respeitar as diferenças de costumes e dos comportamentos aprendidos. A desconsideração a essas diferenças pode provocar equívocos para quem quer fazer negócios ou arrumar um emprego em países pouco familiares.

O banco de dados da Birkman International com o resultado de mais de três milhões de avaliações em 22 línguas de 50 países confirma que as respostas ao teste não são tão diferentes de país para país. As diferenças que esperamos encontrar e que aparecem nos resultados tendem a se concentrar nos aspectos visíveis, isto é, nos Comportamentos Habituais, mais do que nas Necessidades, Interesses ou gatilhos de Estresse. As distinções que temos que reconhecer tratam de como aqueles resultados são interpretados. Nós já falamos sobre a pontuação "gosto de despejar minhas ideias nos outros, mas não gosto de ser tratado assim" (baixo Comportamento Habitual e alta Necessidade em Estima na comunicação um a um). Essa pontuação é mais comum nos perfis dos Estados Unidos onde a sinceridade é ensinada e a linguagem direta, valorizada. Em outras culturas, nas quais se espera que a pessoa fale com mais cuidado e respeito com os outros, o Comportamento Habitual típico é menos direto, embora a Necessidade seja a mesma. Existem muitas diferenças culturais como essa.

Foco na cultura

Tasneem Virani, consultora em Londres, gosta de fazer *coaching* nas "pessoas enquanto pessoas", como define. Ela acredita que a variedade de experiências e culturas a que tantas pessoas são expostas no mundo atual, cada vez mais conectado, torna ainda mais difícil rotular os indivíduos. Para mostrar como a personalidade e a cultura podem ser complexas, ela usa o exemplo de sua própria família: ela é filha de indianos nascida no Quênia (África) e foi estudar na Inglaterra, onde se casou e teve filhos. Depois, sua família foi morar nos Estados Unidos, onde seus filhos continuam a morar. "Não posso dizer que meus filhos sejam como eu", ela comenta, "porque eles receberam mais da cultura da Inglaterra (Europa) e os Estados Unidos são sua terceira cultura. Se você pensa em tudo isso, tem que avaliá-los enquanto seres humanos."

Tudo se torna ainda mais complexo no trabalho dela. Cerca de 75% das pessoas para quem ela faz *coaching* foram viver na Inglaterra depois de ter morado em outros lugares do mundo – às vezes, passando períodos em mais de um país. "Os valores dessas pessoas são diferentes, mas a personalidade delas fala a mesma língua", ela afirma.

Ou seja, ela pode verificar que poucas diferenças entre culturas aparecem nas avaliações Birkman, com exceção de algumas semelhanças dentro das nacionalidades no Comportamento Habitual das pessoas – a expressão aprendida de determinados valores e tradições. Ela nota, por exemplo, que as pessoas da Índia, Paquistão e do Oriente Médio, entre outras, tendem a ter pontuação baixa em Comportamento Habitual de Vantagem. Costumam ficar aliviadas quando suas exigências pessoais mostram-se modestas no resultado da avaliação, explica Tasneem. No mesma linha, parecem ter consciência quando têm alta pontuação em Necessidade de Vantagem e preferem receber recompensas materiais por seu trabalho. Para dar a notícia a elas sobre a pontuação alta, Tasneem explica: "Você quer ser reconhecido por seu trabalho e saber que existem outras oportunidades de crescimento".

A consultora observou, no entanto, que até mesmo sólidos valores culturais podem ser deixados para trás em um ambiente profissional que fique abaixo das expectativas. Em 2012, ela foi chamada para dar suporte ao relançamento corporativo e ao plano de expansão dos Hotéis 4C, um negócio familiar com sede em Londres. A família é descendente de indianos; o fundador nasceu na Tanzânia e o filho dele, na Inglaterra.

A maioria dos 150 funcionários trabalhando na Inglaterra imigrou recentemente de países periféricos da União Europeia ou do Sudeste da Ásia. O emprego inicial deles na empresa, assim como em todo setor hoteleiro, tende a oferecer baixos salários e os funcionários ficam frustrados pela falta de oportunidade. "Era possível constatar o problema no recrutamento e na retenção dos funcionários", afirmou Al-karim Nathoo, diretor associado dos Hotéis 4C. O *turnover* estava alto.

Como era esperado, entre os 20 funcionários que fizeram a avaliação Birkman – a maioria vinda da Índia, Paquistão e Romênia – 18 tiveram baixa pontuação em Comportamento Habitual no Componente de Vantagem, o que, segundo Tasneem, tornava mais fácil para eles trabalhar pelo benefício de todos do que para si mesmos. Porém, longe de se desculparem por suas altas pontuações em Necessidade de Vantagem, os funcionários assumiram seu desejo por recompensas pelo trabalho realizado. E, nas discussões que se seguiram à apresentação dos resultados, explicitaram que precisavam ter um caminho claro de desenvolvimento profissional. Tasneem também verificou pela avaliação Birkman que muitos integrantes da equipe tinham alta pontuação no Componente Empatia, na Necessidade de expressividade e emotividade; de fato, disseram à consultora que sentiam não receber bastante feedback dos chefes sobre o trabalho realizado e que não tinham canais para expressar suas opiniões.

Embora alguns dos funcionários acreditassem que aquela situação se devia ao seu status de pessoas recém-imigradas para o país, a questão estava verdadeiramente relacionada à cultura corporativa e não tinha nada a ver com nacionalidade. "Não havia uma cultura definida na empresa", admitiu Al-karim, que não queria que questões desse tipo pesassem contra o futuro crescimento do negócio. A família queria expandir a empresa para o Leste da África e erguer novos hotéis. Seu pai – sócio-fundador da empresa há dez anos, que já havia feito o negócio crescer de um albergue do tipo "cama e café da manhã" para uma rede de dez hotéis de baixa e média tarifas –, dividia a mesma preocupação. "Nossos processos ainda são os de um negócio bem familiar e nós queremos fortalecer as operações, focando em recursos humanos e no desenvolvimento de lideranças", afirma Al-karim.

A alta pontuação de Al-karim de Interesse em Serviço Social indicava a Tasneem que ele estava sendo sincero quando dizia querer ajudar seus funcionários a crescer profissionalmente, assim como aprimorar o desempenho nos serviços aos clientes. O perfil dos outros administradores, mostrando o desejo de trabalhar para o bem de todos, assegurava que poderiam adotar as iniciativas necessárias para mudar a cultura corporativa.

Eles reconheciam ter que elevar a um novo patamar as opções restritas da empresa em termos de variedade na força de trabalho. "Somos muito orientados para os resultados financeiros, mas não temos muitos planejadores estratégicos, além de meu pai e eu. Para crescer, temos que contratar outros tipos de pessoas, especialmente na área de vendas e marketing e na competência de comunicação", avalia Al-karim.

Para o diretor, estava claro que o próximo passo tinha que ser o seguinte: desenvolver aqueles funcionários que a avaliação Birkman identificou como necessitando de treinamento. Com a ajuda de Tasneem, eles começaram a definir metas de desenvolvimento de lideranças e treinamento em competências de gestão. "Nós definimos os valores e a missão da empresa, incluindo uma atuação mais focada nos clientes", conta a consultora. "A chave é se tornar emocionalmente mais inteligente, aumentando a percepção da cultura, dos valores, mas também da personalidade de cada um. Quando *você* entende o que *eu* estou sentindo, conhece a mim, meus valores e minha cultura."

Mesma pontuação, significado diferente

Stephan Altena, um consultor Birkman de Munique, relata o caso de uma equipe de profissionais italianos em que aplicou a avaliação. Enquanto os profissionais examinavam os relatórios de feedback, Stephan indicou que havia alguém no grupo que preferia trabalhar sozinho. Nos Estados Unidos, uma preferência desse tipo mal seria percebida, ele avalia. Os colegas diriam: "Aquela pessoa gosta de trabalhar sozinha. OK". Mas na Itália, os colegas daquele funcionário ficavam intrigados. Aquele comportamento levantava suspeitas e os colegas mais próximos ficavam um pouco magoados ou até mesmo ofendidos. Eles pediram a Stephan para explicar: "Por que ele quer trabalhar sozinho? Não gosta de nós? Tem algo errado?" Era uma pontuação que pode ser ofensiva em uma cultura que enfatiza a comunidade e o relacionamento pessoal próximo. As pontuações podem ser idênticas, mas a forma como são vistas e aceitas muda com o contexto cultural.

Jan Brandenbarg, consultor sênior na Holanda, descreve o dia em que estava sentado ao lado de um homem japonês que tinha a mesma pontuação que ele em Sinceridade e Objetividade: baixo Comportamento Habitual em Estima. Jan comentou com o outro que estava surpreso porque, na opinião dele, aquele profissional parecia ser uma pessoa muito cuidadosa para se comunicar. "E ele me respondeu: 'Você deveria ouvir meus colegas descreverem como eu sou direto; até minha mãe diz isso'". A origem das diferenças é complexa, Jan acrescenta: "Tem muito a ver com tradição, história, valores e também com coisas como programação mental – que ocorre quando somos jovens. A amplitude das pontuações é bem semelhante, mas a interpretação não é". Ele considera que Autoridade é um Componente que deve ser muito bem examinado, quando se está lidando com questões multiculturais – o que sempre acontece em seu trabalho. Ele tem clientes pela Europa com uma única hierarquia de executivos formada por profissionais nascidos na Holanda, França, Alemanha, Bélgica e Polônia. Geralmente, diferentes culturas têm graus diferentes de respeito à Autoridade e diferentes maneiras de demonstrar esse respeito, ele analisa.

Jan, que baseia sua opinião no trabalho de Geert Hofstede, pesquisador holandês sobre cultura, considera a aceitação da autoridade como uma medida da distância entre uma pessoa e o centro de poder. Por exemplo, a distância entre o centro de poder e o povo é muito maior na China do que no Norte da Europa. O holandês, Jan afirma, sente-se forte em sua posição em uma empresa e em outras hierarquias. Ele pensa: "Você pode ser o gestor, mas como pessoas, nós somos iguais". Então, existe um forte senso de igualdade em questão. Na China, é menos provável que uma pessoa se veja como igual a uma figura de autoridade. "Eu interpreto as pontuações da Birkman sob esse enfoque", diz Jan.

Seu novo chefe

Algumas pessoas ficam surpresas ao verificar que uma empresa – vista como uma entidade sem cultura e sem costumes – pode ser fiel à cultura e às tradições corporativas e às do próprio país em que está instalada.

Tony Swift, gerente-geral de recursos humanos na Hyundai Motor Co., em Sidney (Austrália), ajudou a um funcionário que estava enfrentando um momento difícil em sua carreira no departamento de marketing daquela empresa coreana. O novo contratado, um australiano, era visto como pouco cooperativo, "um cowboy", Tony lembra. Ele não se encaixava na cultura da companhia, que era bastante hierarquizada.

"Aqui, quando uma tarefa recebe um prazo final, a data é cumprida. Fim da história", diz Tony. Quando aplicou a avaliação Birkman no funcionário, o resultado apresentou alta pontuação em Liberdade (98), sinalizando uma forte necessidade de expressão individual. Além disso, sua Necessidade em Estrutura foi baixa, o que significa que ele não gosta de seguir processos rígidos.

"Foi como se uma lâmpada se acendesse", conta Tony. "Ele disse: 'Agora entendi o problema'." Mas o resultado da avaliação também levantou outra questão: "O que ele estava fazendo em uma empresa coreana que é tão estruturada, orientada para processos e hierarquizada?" Ele recebeu um plano de ação e a oportunidade de tentar se ajustar à cultura corporativa, mas, finalmente, decidiu buscar uma companhia que combinasse melhor com sua personalidade.

Olhando para os indivíduos

Os administradores da Heifer International estavam preocupados com algumas questões internas de sua equipe na África. A organização global não lucrativa, com sede em Little Rock (Arkansas), ajuda comunidades a combater a pobreza e a fome, doando animais vivos e capacitando as famílias a melhorar suas vidas.

Na equipe africana estavam 4 pessoas vindas de duas regiões diferentes, conta o administrador, que pediu para o nome do país não ser mencionado. A Heifer International já havia utilizado a avaliação Birkman para endereçar com sucesso a solução das diferenças entre seus profissionais nos Estados Unidos e esperava que a ferramenta fosse valiosa também em outros países.

Quando os quatro integrantes da equipe fizeram a avaliação Birkman, os resultados mostraram que o estilo do líder era muito franco e direto. De fato, na escala da Estima ele pontuou o mais baixo possível – 3 em Comportamento Habitual e 3 em Necessidade! Os demais integrantes da equipe tinham Necessidades bem mais altas (79, 79 e 44) para contatos pessoais e de apoio. "O líder da equipe também teve baixa pontuação em Necessidade de Aceitação, um estilo de pouca sociabilidade, então, ele não via razão para oferecer encorajamento pessoal aos integrantes de seu time. Para ele, estava tudo bem se comunicar apenas por e-mail", analisa o gerente de desenvolvimento de talentos da Heifer, que aplicou a Birkman na equipe. "Ele era boa pessoa, mas seu estilo distante e impessoal deixava seus colegas – em Necessidades de Estima, com pontuações significativamente mais altas – sentindo-se frustrados, desvalorizados e, em geral, desconectados dele."

Os integrantes da organização que estavam na sede validaram "por experiência pessoal" o resultado da Birkman. A avaliação trouxe à luz algumas das razões por trás dos problemas internos naquela equipe.

Embora as diferenças étnicas e culturais possam ter complicado a situação, afirma o gerente de desenvolvimento de talentos, "a equipe também estava sendo desafiada por seus hábitos de comunicação e estilos pessoais". Identificar rapidamente suas necessidades pode tê-los ajudado a compreender que suas diferenças não eram obstáculos e que, na verdade, esses estilos diferentes podem formar a base de uma equipe produtiva e bem-sucedida.

O Método Birkman oferece a pessoas de diferentes culturas e países, que devem trabalhar juntas, um bom ponto de partida para buscar áreas comuns e uma ótima maneira para rejeitar a simples rotulação dos outros. A linguagem neutra possibilita uma autoavaliação e a entrada em acordo com comportamentos e expectativas diferentes das próprias.

Capítulo 9

Você é um dissidente frustrado no trabalho? Liberdade e Mudança

O Componente da Liberdade é diferente das demais medidas da avaliação Birkman já que oferece uma perspectiva bem maior e se refere à individualidade. Liberdade e Mudança são os dois únicos Componentes que dão essa visão mais ampla. O ponto em que você fica no espectro da Liberdade é uma pista poderosa sobre a maneira pela qual percebe os outros e a si mesmo. Além disso, é o indicador mais forte da ideia que faz da própria personalidade independente e individualmente.

As pessoas com alta pontuação em Liberdade deleitam-se em marchar ao som dos próprios tambores. Eles não sabem e realmente não se importam em saber como os outros agem. Você sempre consegue identificá-las pelo jeito criativo de se vestir ou decorar a casa ou o escritório. As pessoas com alta Liberdade são valiosas em ambientes de trabalho nos quais o pensamento criativo é necessário. Conseguem enxergar abordagens singulares para resolver problemas capciosos e se deliciam com o inesperado.

Muitas pessoas se apressam em considerá-las como dissidentes. A cultura popular, particularmente nos Estados Unidos, costuma romancear e encorajar a ideia de ser um livre-pensador e até mesmo um rebelde. O Método Birkman ajuda você a descobrir que grau de Liberdade o coloca em sua zona de conforto.

Aqueles que pontuam baixo em Necessidade de Liberdade valorizam as tradições da sociedade e compreendem como a maioria tende a pensar. São mais agradáveis e seguem o fluxo. Percebem a importância de estar em acordo com a maioria das boas pessoas da sociedade e não buscam uma maneira de ser diferente apenas pelo prazer de ser diferente. No ambiente de trabalho, estarão em sintonia com as políticas e os procedimentos e também com os colegas. Essas pessoas apoiam prontamente a maneira de pensar do grupo e as regras estabelecidas.

Embora a Liberdade seja um Componente único no Método Birkman, ele é analisado em conjunto com o de Mudança, que é a medida da sua inquietude. Você sempre faz as mesmas tarefas ou prefere que haja bastante variedade em seu dia de trabalho?

As pessoas com alta pontuação em Mudança, assim como aquelas com alta Liberdade, apreciam o inesperado. Preferem uma agenda variada e cheia de imprevistos. Provavelmente, dirão a você que gostam de ser multitarefas, e embora esse seja um tópico em acalorado debate – ou seja, se as pessoas podem realmente ser multitarefas – é justo admitir que elas sentem-se energizadas, movendo-se rapidamente de um foco para outro.

Aqueles indivíduos, cujo relatório aponta baixa pontuação em Necessidade de Mudança, conquistam seus objetivos – e até recarregam as energias – quando permanecem focados em um esforço de cada vez. Preferem poucas distrações e ficam irritados e estressados diante de muitas interrupções.

Como em cada um dos outros Componentes relacionais do Método Birkman, a maioria de nós tende a ficar na média do espectro, ou seja, nós preferimos que haja equilíbrio na nossa vida e no trabalho entre esses dois extremos. Além disso, no aspecto da Necessidade desse Componente, o Birkman faz a leitura da intensidade do estilo que cada um de nós considera como as condições ideais para trabalhar.

Com o chefe por perto

Um executivo de um escritório de auditoria na Nova Inglaterra confessou para seu consultor que tinha se visto no trabalho "ficando louco da vida como não acontecia há vários anos e o fato ocorreu duas vezes nos últimos meses". O consultor, Richard Rardin, de Connecticut, descobriu que seu cliente "era um ponto fora da curva em Liberdade". Depois que os dois conversaram sobre essa pontuação, o executivo percebeu que o motivo de seu aborrecimento era o fato de o seu gerente começar a se envolver nos projetos sendo que, em geral, ele delegava tarefas mas não se envolvia nelas. Essa percepção deu ao executivo a informação necessária para ter uma conversa saudável com seu chefe.

"Eles chegaram a uma compreensão muito melhor do que antes era uma situação bastante preocupante para os dois", avalia Richard.

O presidente libertário

O novo presidente executivo de um grande hospital em Houston estava em seu cargo há apenas um mês quando percebeu que sua equipe de subordinados estava se tornando disfuncional. Ele pediu à consultora Birkman Patti Corbett Hansen para ajudar seu time de 9 vice-presidentes e diretores a superar aquela fase de transição de liderança. "Nós precisamos conhecer melhor uns aos outros", o novo chefe definiu assim o objetivo do trabalho de Patti.

Ele sabia que a equipe tinha que aprender como trabalhar com ele de maneira mais eficiente, mas não via um grande problema nisso. Por sua vez, os integrantes do time de subordinados estavam se sentindo infelizes e improdutivos, mas cada um achava que essa era uma insatisfação individual. Ninguém via um problema maior.

Os dias foram agitados no hospital quando aquele novo presidente executivo assumiu. Houve uma série de situações críticas e algumas funções organizacionais foram tomadas, fazendo, inclusive, com que reuniões fossem canceladas. Foi o bastante para que a equipe chegasse a suas próprias conclusões: "Passaram a achar que o novo chefe não queria que eles fossem bem-sucedidos e assumiram a lógica habitual – o novo presidente executivo queria trazer sua equipe para o hospital e demitir os funcionários que já estavam lá", conta Patti.

Essa atitude derrotista foi agravada pela percepção do chefe de que um bom líder deve assumir um novo posto, botando para quebrar. Ele decidiu o que os subordinados precisavam sem observar nada e nem compreender melhor o cenário no novo emprego.

"A grande surpresa aconteceu quando todo mundo compartilhou suas pontuações no Componente de Liberdade", diz a consultora.

O novo presidente executivo ficou bem satisfeito com sua pontuação – alta em Comportamento Habitual e Necessidade de Liberdade – e orgulhosamente explicou que tinha um estilo de liderança muito independente e gostaria de criar uma cultura em que cada profissional subordinado a ele confiasse em fazer o que fosse necessário para ser bem-sucedido nas diferentes situações. "Afinal de contas,", Patti se lembra dele dizendo, "ninguém quer alguém lhe dizendo o que deve ser feito."

Na realidade, nada podia estar mais distante da verdade. A maioria dos integrantes da equipe tinha baixa pontuação em Necessidade de Liberdade e desejava trabalhar em um ambiente estável e com uma visão clara em que todos estivessem informados sobre as ações dos outros e soubessem para onde estariam se dirigindo. Sentiam como se o presidente executivo estivesse sabotando o sucesso deles ao se recusar a dizer o que ele queria que fosse feito. Nos bons tempos, eles trabalhavam colaborativamente, mas, quando os profissionais sentiram que não tinham mais o que precisavam para ser bem-sucedidos, a situação ficou do tipo "cada um por si", de uma maneira silenciosa e desesperada, descreve Patti.

O resultado das avaliações Birkman também mostrou que a tendência do grupo era de baixa pontuação em Autoridade, o que significa pouca dominância verbal. Então, eles estavam sofrendo em silêncio, agindo separadamente fora do ambiente de trabalho. "Vários já haviam atualizado o currículo e tinham começado a procurar um novo emprego. As pessoas estavam preocupadas, achando que o barco iria afundar", lembra a consultora.

Patti reuniu-se com a equipe em torno de uma grande mesa e perguntou o que cada um considerava necessário para ser profissionalmente bem-sucedido. A resposta de 90% deles foi que o novo presidente executivo deveria lhes dar mais clareza, mais detalhes e diretrizes e, além disso, mais tempo de conversas face a face.

O grande erro do presidente foi um que todos nós costumamos cometer: assumir que o que ele precisava era o mesmo que todo mundo – nesse caso, um alto grau de Liberdade pessoal. Depois daquela reunião, todo o comportamento do líder mudou e ele passou a oferecer à equipe o que ela precisava, não o que achava que os subordinados queriam. "Ouvir a mensagem do Método Birkman os ajudou a dar a volta por cima. Eu aplaudo novos líderes que investem tempo para conhecer os indivíduos. E gosto de presidentes executivos que falam: 'O que você precisa de mim?'", avalia ela.

Atualmente, sempre que um cargo importante é ocupado por um novo funcionário, a equipe aplica o Método Birkman e se pergunta o que deve ser mudado na dinâmica da interação. "É um processo orgânico", conclui Patti em relação ao atendimento das necessidades dos funcionários, especialmente nos momentos de transição. "O Birkman ajuda a chamar a atenção. É como um sistema de alarme precoce. Você tem que saber o que fazer para combater os pontos cegos."

Ajudando a cruz vermelha

O Componente de Liberdade desempenhou um papel imprevisível para ajudar a Cruz Vermelha dos Estados Unidos a resolver um problema hercúleo de contratação. A organização estava se recuperando de uma série de fracassos de liderança em sua divisão de operações norte-americana, particularmente em relação à administração das seções regionais espalhadas pelo país no que se refere a mudanças necessárias nos programas de prontidão. Ao longo de um ano e meio, o grupo contratara 3 vice-presidentes de operações, que por diversas razões não deram certo no cargo. O atrito estava causando muita agitação no quartel-general do grupo em Washington.

"Eles desenvolviam os programas em Washington e empurravam para as diferentes seções regionais. Não esperavam a adesão de ninguém. Diziam simplesmente: 'Aqui está o novo programa; coloque em operação.' Na melhor das hipóteses, o relacionamento era mínimo", analisa o consultor Peter Capodice.

"A organização tem uma reputação positiva e uma cultura de liderança interessante", ele diz. "Internamente, boa parte das posições executivas era ocupada por profissionais vindos do setor privado que chegaram a um ponto alto em suas carreiras e agora desejavam dar sua contribuição social. Peter viu isso como um diferencial para atrair talentos com experiência ampla e de alto nível."

Ele alinhou as exigências de perfil da Cruz Vermelha para ocupar o posto de líder de operações com determinados Componentes, e isso o levou a focar na Liberdade, que via como uma chave atitudinal. Seu raciocínio era o seguinte: em uma organização altamente política e com boa reputação, você tem que ter certeza de estar falando com a pessoa certa através dos canais certos – um comportamento mais provável em um profissional com pontuação baixa em Liberdade. Em contraste, "a pessoa com alta pontuação em Comportamento Habitual de Liberdade diz: 'Vou fazer isso e pedir desculpas depois'". É um comportamento arriscado em uma organização como a Cruz Vermelha, acrescenta Peter.

O consultor, então, aplicou a avaliação Birkman na equipe contratante, formada pelo futuro chefe do novo contratado e por seus colegas. No final, o candidato vitorioso tinha uma pontuação baixa em Liberdade, sendo 1 em Comportamento Habitual e 22 em Necessidade. "Portanto, ele tinha um forte estilo de comunicação", conclui Peter. O candidato, claro, também possuía outras qualidades, incluindo boa intuição sobre o que a organização precisava e como equilibrar aquelas necessidades com sua alta pontuação em Autoridade – ou seja, "quando avançar e quando recuar".

Scott Conner foi o líder vitorioso naquele processo de seleção. Ele se aposentou em 2010, após um longo período na organização, o que incluiu uma promoção para vice-presidente sênior para prontidão e serviços de saúde e segurança. "A aplicação do Método Birkman ajudou a fazer uma boa combinação. Foi bastante incomum eu permanecer na Cruz Vermelha por 11 anos naquela posição de alto nível. Durante esse período, tive dez chefes e sete presidentes", destaca Scott.

Antes de ingressar na Cruz Vermelha, ele passara 30 anos no setor de alimentação, trabalhando como um executivo de alto nível em cargos de marketing e operações na Sopa Campbell, KFC (Kentucky Fried Chicken) e no Burger King. Foi sua experiência com franquias que chamou a atenção da liderança da organização.

Desde que assumiu o cargo, Scott passou a tratar as seções regionais como se fossem franquias de alimentação. Não deu nenhuma ordem executiva até viajar por todo o país para conhecer as seções, suas necessidades e conseguir que os administradores regionais aderissem aos objetivos do quartel-general. "Depois, trouxe alguns profissionais das seções regionais para ocupar cargos importantes na sede. Então, dentro de um ano, tinha estabelecido boas relações e conquistado credibilidade. Aí pudemos desenvolver um plano estratégico para expandir a operação. Foi uma excelente experiência", conta Scott.

Em busca de mudanças

As pessoas com alta pontuação em Mudança costumam considerar a cultura do escritório decadente e veem as interrupções e os eventos inesperados como revigorantes. Gostam de ter diversas tarefas diferentes ao longo do dia e torcem para que não haja dois dias iguais no trabalho.

Em Vancouver (Canadá), um pastor da Igreja Batista tinha que encontrar um meio de atender à sua forte necessidade por variedade e novas experiências sem prejudicar sua vida profissional e doméstica. Ele gostava de lecionar – sua alta pontuação em Empatia tornava fácil a conexão com as pessoas – e era bastante querido – pelo pouco tempo que as pessoas conseguiam conhecê-lo. Mas, para ele, era difícil conseguir se manter em um emprego.

"Era um doce de pessoa", conta o consultor Jonathan Michael, "mas mudava demais de igreja, principalmente por tédio, e por isso ninguém tinha certeza por quanto tempo ele estaria por perto".

As constantes idas e vindas em seu currículo colocavam uma bandeira vermelha, apesar de suas contratações bem-sucedidas. Em casa, sua esposa perguntava: "O que está acontecendo? Estou cansada de nos mudarmos!"

O que acontecia é que o pastor tinha uma pontuação de 90 em Necessidade de Mudança. "Ele precisava de pessoas que o entendessem. Necessitava de novos desafios e de novos projetos para se sentir feliz e se manter no emprego", afirma Jonathan. Como o consultor tinha uma sólida relação de trabalho com a igreja, foi capaz de ajudar o pastor a negociar atribuições que incluíssem responsabilidades variadas e a liderança de novos projetos. Ele assumiu mais as atividades de aconselhamento do pastor sênior que, sendo um forte Amarelo, ficou satisfeito por ficar com mais tarefas administrativas.

"Os dois ficaram satisfeitos em utilizar seus melhores talentos. Em vez de dar foco na descrição do emprego ao qual deviam se ajustar, ajustamos o trabalho aos Interesses e Necessidades deles", conclui Jonathan.

DESEJO DE ESTABILIDADE

Celia Crossley teve que dar *coaching* para dois executivos com baixa pontuação em Mudança durante um duro período de reestruturação. Eram líderes de um grupo de manufatura do Meio Oeste que adotou o Método Birkman depois que a organização começou a sentir a tensão da perda de receitas para a concorrência. De repente, o faturamento do grupo começou a encolher enquanto os clientes migravam para pequenos fornecedores. A administração estava sendo obrigada a reduzir o pagamento dos funcionários sem eliminar nenhuma posição.

O presidente executivo e o vice-presidente de operações estavam começando a mostrar os sinais do estresse no trabalho. Eles estavam se tratando com aspereza e a falta de colaboração estava tornando difícil para os funcionários realizarem o trabalho. A redução dos salários acrescentava estresse e ansiedade ao ambiente. Os funcionários estavam perdendo o entusiasmo pelo trabalho e a produtividade, como um todo, estava em queda.

Celia aplicou nos dois executivos – e, na sequência, em todo o time de liderança – a avaliação Birkman. O resultado mostrou que o presidente e o vice de operações eram particularmente vulneráveis a rupturas no ambiente de trabalho. O presidente teve uma pontuação extremamente baixa em Mudança e a do vice não foi muito maior. Isso indicava um forte desejo de previsibilidade – algo que estava em falta naquele momento na empresa. Na seção do relatório "diferenças a observar", os executivos receberam as dicas da causa dos problemas particulares do relacionamento entre os dois. Por exemplo, o fato de o presidente parecer um planejador flexível, mas, na verdade, necessitar de um plano detalhado para seguir adiante (sua pontuação em Estrutura foi de 29 em Comportamento Habitual e 66 em Necessidade).

Assim que os integrantes da equipe começaram a entender a natureza de suas tensões emocionais e identificarem os comportamentos geradores desse fator de estresse, puderam voltar a trabalhar juntos na mesma direção – apesar da falta do ambiente estável que tanto desejavam. Colocaram em ação um plano para reconquistar o faturamento que havia sido perdido.

"Eles ficaram em uma posição muito melhor, não apenas com mais compreensão sobre o próprio comportamento, mas também sobre o comportamento dos demais integrantes da equipe. Os dois foram capazes de reconduzir a organização à estabilidade e de volta ao crescimento", conta Celia.

O MÉTODO EM AÇÃO: ORGANIZAÇÕES NÃO LUCRATIVAS

O Método Birkman é utilizado em um bom número de organizações não lucrativas, sendo 10% de nossos projetos voltados para esse setor, incluindo diversos grupos religiosos e grandes multinacionais como a Heifer International. O trabalho é bastante semelhante ao realizado para as empresas privadas: construção de espírito de equipe, melhoria da eficiência no trabalho e apoio à solução de conflitos surgidos entre os funcionários. Mas os clientes também têm adotado iniciativas notáveis e criativas, aplicando o Birkman para encontrar os reais Interesses e Necessidades das pessoas – o que tem importância crítica. Essas organizações não lucrativas usam a avaliação para colocar a administração em ordem, aliviar o peso dos serviços públicos e levar um grau de harmonia a um ambiente caótico.

Felizes juntos

Cy Farmer, consultor internacional da Cru, tem trabalhado há cerca de 40 anos na África e na Europa para um grupo evangélico cristão. Ele utiliza o Método Birkman principalmente para treinar e desenvolver equipes, e também para ajudar as pessoas a se prepararem para trabalhar em outros países. Além disso, segundo ele, o Método tem sido valioso "para tornar os profissionais mais eficientes ao lidar com o público".

Como um dos objetivos dos integrantes da organização é "compartilhar a sua fé com os outros", o Birkman é útil para ensinar como a pessoa deve se apresentar e ensinar, respeitando as necessidades e a perspectiva dos outros. De outra maneira, afirma Cy, "as pessoas tendem a agir de acordo com a própria autobiografia: 'se isso funciona para mim, deve funcionar para os outros'".

"O fato de você ter uma equipe com 5 pessoas que amam o Senhor não significa que elas vão trabalhar bem juntas", ele continua. Cy se lembrou de um caso em que dois missionários alemães estavam viajando para uma missão no Leste Europeu. Um estava pronto para partir imediatamente; o outro não partiria enquanto o planejamento não estivesse pronto. Um, em outras palavras, tinha alta pontuação em Liberdade e baixa em Estrutura; o outro tinha baixa em Liberdade e alta em Estrutura. A primeira pessoa diria: "Vamos partir amanhã cedo; chegaremos lá por volta das 23 horas, vamos bater na porta do pastor e ele nos arrumará uma cama". A segunda pessoa iria responder: "Não vamos deixar essa cidade enquanto não tivermos uma confirmação por escrito de uma reserva em um hotel local, pelo menos três dias antes de entrarmos no carro para viajar".

Em situações de Estresse, os dois enxergavam um ao outro de maneira exagerada. Um via o outro como uma pessoa muito ansiosa e muito rígida. O outro achava que o primeiro era muito imprevisível, individualista e pouco planejador. Depois que receberam o resultado das avaliações Birkman, entenderam as preocupações mútuas e perceberam como podiam lidar com as diferenças. "Então, apertaram as mãos e saíram da sala com o desejo renovado de trabalhar juntos para conquistar os objetivos da missão", lembra Cy.

A estrada de volta

Mark Hadley passou a maior parte de sua vida adulta na prisão, sentenciado por posse de drogas, roubo e por dirigir bêbado. Em 2012, mais de um ano antes de sua libertação após a quarta sentença, ele se juntou a um programa de reabilitação na prisão do Texas e o consultor Tommie Dorsett aplicou nele uma avaliação Birkman. Ele era um Amarelo forte e tinha alta pontuação em Estrutura, sinalizando uma profunda afinidade com processos e logística, explica o consultor.

Fazia sentido. Na prisão, Mark recebeu trabalho administrativo, incluindo tarefas para o departamento estadual de trânsito, como escriturário, e ele sempre o desempenhava bem e alegremente. Gostava mais daquilo do que do trabalho na construção civil, que fazia antes de ser preso. Quando olhou para os resultados da Birkman, tudo o que o prisioneiro conseguiu dizer, segundo Tommie, foi: "Agora tudo faz sentido".

"A avaliação Birkman me mostrou um caminho e muito mais do que eu sabia sobre mim mesmo. Eu seguia achando que era maluco. Todos os meus empregos foram trabalhos físicos. Aprendi que devia buscar um bom emprego e mantê-lo, mas não conseguia. Comecei a beber para esquecer o tédio. Depois me encrenquei e tive que começar tudo de novo. Agora eu entendo", conta Mark.

O consultor trabalha na InnerChange Freedom Initiative, um ministério de fraternidade ecumênica na prisão, com sede em Houston e com atividades principalmente no Texas e em Minnesota. A organização ajuda as pessoas a fazerem a transição da prisão para a sociedade. Na penitenciária em que Mark estava, isso significava fazer uma Birkman. Tommie explica que também usa a avaliação para ajudar os prisioneiros a lidar com o estresse do encarceramento. "As pessoas não entendem suas necessidades e como comunicá-las aos outros", afirma, acrescentando que a Birkman já ajudou prisioneiros a mudar drasticamente seus comportamentos.

Depois que Mark foi libertado, aos 53 anos, recebeu ajuda para buscar emprego e foi trabalhar como encarregado de operações de uma empresa em Houston, responsável por fazer móveis comerciais. É responsável por assegurar que todas as peças e equipamentos sejam pedidos corretamente e cheguem diariamente na hora certa para cada um dos projetos em andamento. "Fiz as requisições de compra para o projeto da recepção de um prédio histórico icônico no centro de Houston", ele conta orgulhoso.

Mark considera que a Birkman não apenas lhe indicou o trabalho mais adequado, mas também ajudou a conquistá-lo. Conta que levou o resultado da avaliação na entrevista com seu futuro chefe; assim ele poderia conhecer seu perfil, que mostrava suas preferências, dava sugestões de como lidar com ele e indicava como costuma reagir ao estresse. O resultado aponta, por exemplo, que, quando começa a se sentir sobrecarregado, passa a trabalhar agitadamente e se torna improdutivo. Na opinião de Mark, "isso é bem verdade". "Mas ainda mais importante", ele afirma, "é que o Birkman é uma avaliação isenta para afirmar que o trabalho que estou buscando é aquele para o qual 'tenho habilidades naturais'."

"A Birkman me fez sentir que sou capaz de fazer o trabalho que tenho que fazer", diz Mark. Seu empregador concorda e na última avaliação de desempenho o ex-presidiário recebeu um aumento de salário. Depois de oito meses contratado, está se saindo tão bem no emprego que a empresa está pensando em contratar outro trabalhador libertado daquela mesma penitenciária. Em termos pessoais, Mark diz que se sente aliviado. "Desde que saí da prisão, sei como atender às minhas necessidades", avalia.

VISÃO GRANDE-ANGULAR: DESAFIO

O Desafio é o Componente que diferencia o Método Birkman das avaliações similares. A Necessidade de Desafio se refere ao grau em que somos capazes de nos apresentar diante dos outros sob um enfoque positivo. Você aparenta ser autoconfiante ou tende a parecer mais autocrítico? Você exala confiança para seduzir os outros ou você os atrai com modéstia e um estilo meio autodepreciativo?

Não se trata apenas do indivíduo, mas de como a pessoa percebe a si mesma e aos outros. Esse Componente mostra se você tende a se preparar para buscar uma série de sucessos atingíveis ou se prefere enfrentar desafios cada vez maiores, enquanto aceita – e até solicita – a contribuição dos outros. Ambos podem ser caminhos para o sucesso, mas qual deles funciona melhor para você? De todas as características exclusivas da avaliação Birkman, a pontuação em Desafio é talvez a mais surpreendente em sua habilidade de mensurar uma perspectiva fundamental com impacto sobre tudo que fazemos e dizemos. É uma medida única e importante que engloba todas as visões relacionais proporcionadas pelo Método Birkman. Além disso, é uma perspectiva eu-e-os-outros que pode muito bem ser incorporada à nossa perspectiva central de nós mesmos.

O Desafio, como Liberdade, também é uma perspectiva diferente dos demais Componentes da Birkman. Não segue o padrão dos três espectros medindo Comportamento Habitual, Necessidade e Estresse. Em vez disso, o Desafio é um filtro perceptual abrangente e bastante influente. Oferece uma parte valiosa de informação que fala muito sobre como a pessoa exterioriza autoconfiança. Além disso, dá pistas consistentes de quanto cada pessoa tende a ser autocrítica e exigente.

No ambiente de trabalho, a sua abordagem em Desafio vai surgir desde a primeira entrevista no processo de seleção, quando pode avaliar a si mesmo. Alguns dos melhores candidatos das empresas não são os que desempenham bem nas entrevistas. A avaliação Birkman já salvou mais do que um emprego para candidatos.

Muitos de nós teremos uma pontuação que nos colocará em torno do centro, o que significa que nossa exteriorização de autoconfiança e autocrítica é condicional e depende da situação. Na escala do Método Birkman, isso quer dizer que a população em geral pontua entre 40 e 60 com uma média previsível de 50. Todos nós somos capazes de alternar entre a necessidade de projetar uma atitude confiante e segura e a tentação de nos mostrarmos mais autocríticos.

Se você morasse sozinho em uma ilha, seu grau de facilidade para se projetar como autoconfiante não estaria em questão. Mas, no mundo real, o Desafio é uma medida útil de como se vê no contexto social e de como você se sente percebido pelos outros. Você pergunta a si mesmo: "Eu pareço bem-sucedido aos olhos dos outros? Sinto que sou mais ou menos como a maioria das pessoas?"

O Desafio, por exemplo, pode indicar como a sua inabilidade para aceitar agradecimentos pode estar prejudicando sua imagem no trabalho. Pode ser necessário fazer algumas sessões de *coaching* para evitar a estranheza que pode se seguir aos elogios recebidos. Quando você está sendo modesto demais e quando precisa compartilhar mais as recompensas e os elogios com os colegas?

A maioria dos vendedores bem-sucedidos e dos profissionais que dependem do próprio talento de comunicação e persuasão têm pontuação baixa em Desafio. Estando na audiência, você gostaria de ver a imagem tranquila e à vontade do âncora, lendo as notícias como uma pessoa com baixo Desafio. Eles são sedutores e vendem muito bem a si mesmos. Para eles, é importante manter a imagem pública de sucesso, que protegem com muito cuidado. Pode ser também que escapem da culpa publicamente quando a situação não vai bem, mesmo que saibam internamente que a responsabilidade foi deles.

Muitos presidentes executivos pontuam baixo em Desafio. Eles projetam autoconfiança e se dão ares de invencibilidade. Além disso, podem se adaptar facilmente a características desejáveis socialmente e transmitir competência. A Birkman International registra a mais baixa pontuação em Desafio entre os executivos de alto desempenho, incluindo os dos escalões mais altos da administração. Em geral, as pessoas que caem no extremo mais baixo do espectro tendem a definir metas razoáveis para si mesmas para que haja pouco ou nenhum risco de falhar.

Na outra ponta do espectro, aqueles com alta Necessidade em Desafio terão mais dificuldade de vender a si mesmos. Tendem a ser mais autocríticos e até se culpam quando a situação vai mal por fatores fora de seu controle. Eles podem assumir tarefas impossíveis, arriscando um fracasso devastador porque são movidos na direção das metas difíceis (desafiadoras) como forma de se sentirem melhores a respeito de si mesmos.

Portanto, se você está lidando com pessoas desses dois tipos ou liderando-as, como você mantém o desejo delas de ser vistas sob um enfoque positivo? Como você faz *coaching* em um funcionário muito autoconfiante ou em um excessivamente autocrítico?

LIDERANÇA E DESAFIO

O consultor Todd A. Uterstaedt, de Cincinnati, trabalhou 6 meses com um executivo de uma organização de saúde que era visto como um administrador de grande potencial – um futuro concorrente para o posto de presidente da companhia. A empresa é um grupo familiar regional que atende cidadãos idosos, oferecendo uma ampla gama de serviços: de consultas ambulatoriais até cuidados domiciliares 24 horas. Os diretores do grupo estavam começando a traçar um plano de sucessão e estavam pensando no cliente de Todd – um integrante da família, na casa dos 30 anos, que era visto como capaz, mas jovem para a posição e estava precisando de *coaching*.

A avaliação Birkman mostrou que ele tinha baixa pontuação em Desafio, o que logo se tornaria central para o treinamento preparatório, assim como para o esforço de *coaching*. Todd colocou em ação uma "avaliação 360°" bem robusta, que incluiu o feedback de mais de uma dúzia de colegas do cliente. O consultor tentava lidar suavemente com os aspectos negativos, pois sabia que as pessoas com baixa pontuação em Desafio querem estar bem diante dos olhos dos outros e tendem a se assustar com as críticas. "Eu ia perguntando a ele como se sentia enquanto analisávamos o relatório e ele me pedia para continuar", conta Todd.

Mais tarde, ele admitiu para o consultor que o processo foi doloroso. "Era demais", ele disse, brincando que tinha vontade de bater em Todd. Mas não pedia para que parasse com a análise do relatório porque não queria que pensasse mal dele.

"Isso lhe dá uma real compreensão do que é uma pessoa com baixa pontuação em Desafio!", rebateu o consultor.

Os dois tiveram profundas conversas sobre o que representa ser uma pessoa com baixo Desafio. Parte do perfil inclui a necessidade de estabelecer metas conquistáveis, assim o cliente encontrava uma maneira de absorver as críticas construtivas dos outros. "Antes ele não estava aberto para isso de jeito nenhum", avalia Todd.

Atualmente, aquele profissional já assumiu mais responsabilidades e dá muito crédito ao tempo investido em *coaching*, particularmente na compreensão do perfil da pessoa com baixa pontuação em Desafio.

"Agora ele reflete mais profundamente antes de tomar decisões e se pergunta se vai optar por ficar bem diante dos olhos dos outros ou se vai escolher a melhor ação para o bem da organização", resume Todd.

O grupo ainda está tentando colocar em ação um plano de desenvolvimento de liderança e o cliente participa desses esforços.

Não é sua culpa

A consultora Birkman Mary Ruth Burton ajudou uma executiva na outra ponta do espectro. Fez *coaching* em uma profissional de uma organização de serviços financeiros que estava recebendo – inesperadamente – uma série de promoções como resultado do bom trabalho realizado. Rapidamente, ela deixou de ser uma funcionária que dava sua contribuição individual para passar a ocupar o cargo de diretora sênior: "Não estava à frente de uma grande área, mas eles continuavam lhe dando mais responsabilidades. Quase com relutância, ela se desenvolveu e se tornou uma boa gestora", afirma Mary Ruth.

A alta pontuação da diretora sênior em Desafio (98) significava uma tendência para se culpar por toda questão de desempenho ou personalidade em seu grupo. Seu comportamento compreensivo tornou-a popular entre os colegas, mas conforme foi subindo – até se tornar chefe deles –, ela teve que aprender a traçar limites entre si e seus subordinados. Em cada sessão individual de *coaching*, ela aprendia e ajustava sua perspectiva: "Tornou-se ótima para lidar com todos de sua equipe, ajudando-os a entender seus pontos fortes e como potencializá-los". Com o *coaching*, ela também aprendeu a ser menos dura consigo mesma e percebeu que podia tomar decisões em relação aos outros – mesmo as difíceis – com base nas ações das pessoas, e que aquelas ações não tinham nada a ver com as falhas dela.

Apaixonados por desafios

Esther S. Powers, consultora de Atlanta, decidiu usar as pontuações discrepantes em Desafio a seu favor quando aplicava a avaliação Birkman em um namorado: "Eu amo essa avaliação, então, achei que essa seria uma ótima maneira de escolher com quem namorar", ela diz.

O rapaz com quem estava saindo, Tom, fez a avaliação e ela considerou que eles pareciam compatíveis – exceto pela pontuação em Desafio. "Sou alta nesse Componente, e ele é baixo. Ele gosta de ser apreciado", observa.

"Com frequência, o Desafio é um fator de peso quando duas pessoas não conseguem ficar juntas. É um ponto chave. A pessoa com baixo Desafio fala: 'Quero ser visto como alguém bem-sucedido, então, farei tudo ao meu alcance para que os outros achem isso'. De vez em quando, chegam a se gabar. Uma pessoa com alto Desafio está à procura de problemas para resolver: quanto maiores, melhores", analisa Esther.

A diferença se torna óbvia quando os dois vivem situações de estresse: "Sou perfeccionista e exigente e me preparo exageradamente. Tenho altas metas para tudo e quero que minha casa funcione assim também. Ele é mais sedutor, segue o caminho de menor resistência e realiza as tarefas apenas com o que basta de eficiência".

Ela casou com Tom e adotou a maneira de agir dele, com baixa pontuação em Desafio. Agora, olha antes para a situação e se pergunta: "Como Tom faria isso?"

Doug Leonard, consultor de Pittsburgh, concorda com o poder da pontuação em Desafio para resolver disputas. Ele teve que ajudar dois engenheiros de uma empresa estatal a terminar com uma briga que havia se tornado pessoal, ameaçando os compromissos assumidos por suas equipes. "O chefe hierárquico deles estava para lá de frustrado. A cooperação entre eles era essencial para o sucesso do programa." Os maus sentimentos vinham de longe e se institucionalizaram ao longo do tempo, embora não fossem baseados em diferenças profissionais.

O único Componente do Método Birkman que o consultor introduziu na conversa foi o Desafio. Um engenheiro havia pontuado 6 e o outro, 81. "Fui capaz de mostrar a eles como suas percepções equivocadas em relação ao outro haviam surgido, especialmente vivendo o estresse de um programa de alta responsabilidade", o consultor explica. O engenheiro com alta pontuação em Desafio achava que o engenheiro de baixa pontuação estava se esquivando da responsabilidade pelos problemas do programa. Por sua vez, o engenheiro com baixa pontuação em Desafio estava aborrecido por nunca receber o crédito por todas as conquistas e cansado dos ataques à sua credibilidade. "Minha observação foi que eles estavam presos em um ciclo de lutar para vencer, e era possível ver isso pela avaliação Birkman: ambos tinham em Autoridade, Liberdade e Vantagem uma pontuação alta em Estresse", Doug observa. Esses resultados indicam a tendência deles para ampliar a escala de um conflito, falar um com o outro sem ouvir o que estão dizendo e ter sempre a última palavra em uma discussão.

Doug iniciou um diálogo entre eles usando o relatório da Birkman. "Eles ficaram surpresos porque tinham muitos pontos em comum e essas similaridades estavam destacadas no relatório", conta. Depois de somente uma sessão, o consultor conseguiu fazê-los se unir: "Mesmo que contra um inimigo comum, uma nova aliança estava forjada". Os dois haviam encontrado uma maneira de trabalhar juntos mais pacificamente.

Olhar interior

Para a consultora Patti Corbett Hansen, de Houston, o Desafio é o melhor Componente para ajudar os indivíduos a se ver mais claramente. Por isso, esse é a essência da avaliação Birkman para ela. "Queria fazer algo para ajudar as pessoas a recuperar a fé em si mesmas. Em vez de buscar alguém para pedir ajuda, a própria avaliação pergunta: 'O que você tem dentro de si mesmo que possa ajudar?'", afirma. A avaliação Birkman, segundo ela, acende uma luz sobre seus pontos fortes e o ajuda a ver como pode se tornar mais resiliente e confiar que já conta com os recursos para resolver os próprios problemas.

Uma das vantagens da Birkman é que ela nos dá a habilidade de olhar para nós mesmos e para nossos estilos comportamentais no contexto social. Em outras palavras, a avaliação ajuda a encontrar respostas valiosas para um grande número de questões, por exemplo: como meus comportamentos diários e minhas necessidades motivacionais se comparam com as da pessoa com quem tenho que lidar no trabalho ou fora dele? Em que sou parecido ou diferente das outras pessoas da minha equipe? Como meu cônjuge nos comparamos ou somos contrastantes em termos de interesses? Como nos diferenciamos em termos do que rouba ou recarrega nossas energias?

No final do dia, nós queremos as respostas para ajudar a entender o que temos em nosso interior: uma profunda necessidade humana de ser amado e aceito, além de encontrar consolo e satisfação por oferecer amor e aceitação aos outros.

O MÉTODO EM AÇÃO: O PRÓXIMO ATO NA VIDA

Muitos de nós, atualmente, teremos uma vida longa e saudável, construiremos mais de uma carreira e alguns conquistarão mais de uma profissão. Às vezes, precisamos apenas de uma pequena saída da rotina para equilibrar nossas vidas doméstica e profissional. Aqueles que escolhem deixar o ambiente corporativo totalmente para trás estão provavelmente buscando um sonho longamente perseguido. Em todas essas situações, o que não está claro é como será o próximo passo. Depois de atender às demandas dos outros no trabalho e em casa por tanto tempo, não temos mais certeza do que queremos. A avaliação Birkman pode nos revelar – ou apenas relembrar – as nossas próprias motivações e necessidades; assim, os próximos atos podem ser uma escolha melhor para nós.

Transição militar

Uma das transições profissionais mais complexas pode ser a reentrada no mercado de ex-militares. "Um determinado tipo de pessoa é atraído pela carreira militar", afirma Tony Palmer, de Atlanta, consultor especializado no aconselhamento de oficiais (e ele mesmo um ex-piloto da Marinha). Na linguagem Birkman, costuma ser uma pessoa com alta pontuação em Necessidade de Autoridade (gosta de saber quem é o responsável), alta Necessidade de Estrutura (prefere seguir um sistema e seus processos) e baixa Necessidade de Liberdade (pouca necessidade de se expressar individualidade). Alguém que tenha um perfil militar menos tradicional, ele diz, provavelmente vai se tornar um piloto ou um integrante das Forças Especiais – o tipo de ocupação que possibilita menos Estrutura e mais Liberdade.

Não importa em que posição sirvam, no entanto, os militares tendem a enfrentar o mesmo problema de transição quando deixam a caserna para entrar no mercado de trabalho. "De repente, estão diante de uma enorme quantidade de liberdade, quando não tinham nenhuma no passado", compara Tony.

Tudo o mais sendo igual, um dos maiores obstáculos enfrentados pelos veteranos é que nem sempre é fácil combinar uma posição civil com as responsabilidades militares anteriores. Essa desconexão pode dificultar desde a redação do currículo até o processo de busca por um emprego. "É um problema de tradução – a experiência deles é em linguagem e em responsabilidades, e os civis não entendem de imediato", explica Tony.

Para enfrentar essa questão, a Birkman International, além do relatório usual da avaliação, oferece uma "ponte", uma lista da correlação entre posições militares e civis para orientar os veteranos e as empresas que os estão contratando. "O valor do Método Birkman é ajudar os ex-militares a entender onde estão seus talentos naturais e pontos fortes – e isso é crítico para identificar e assegurar que façam as melhores opções", afirma o consultor.

Tony fez *coaching* em um oficial do exército que serviu por 8 anos em um posto, batendo um recorde na administração de registros e dados. Um de seus desafios iniciais, quando começou a buscar por um emprego civil, foi traduzir sua extensa experiência para uma linguagem que fizesse sentido para os não militares. Ele conseguiu fazer isso comparando sua experiência com a descrição de ocupações do Relatório Birkman de Atividades Profissionais. Também utilizou suas pontuações em Comportamentos Habituais da avaliação Birkman para destacar seus pontos fortes em 11 temas profissionais durante as entrevistas com recrutadores e gerentes contratantes. Agindo assim, em alguns meses, foi capaz de se colocar como gerente de serviços de registros em uma grande prefeitura, recebendo um bom salário. Dennis M. Orr, de Golden (Colorado), um antigo capitão da Aeronáutica, conta que muitos veteranos relutam em falar sobre o que faziam em serviço, quanto mais comparar com o trabalho em funções civis. "Você não quer necessariamente continuar a fazer o mesmo que fazia na vida militar; o que quer é seguir adiante, fazendo o que gosta de fazer", explica.

Muitos dos veteranos com quem fez *coaching* sofreram traumas físicos e mentais durante o tempo em que serviram na guerra. Nesses casos, o Método Birkman o ajudou a ensiná-los sobre os gatilhos disparadores do Estresse. Mas, segundo Dennis, em geral os veteranos não sentem falta apenas da estrutura, mas também da camaradagem e do alto nível de confiabilidade na equipe militar, acrescenta o consultor. Ele liderou um grupo de membros desempregados da Guarda Nacional do Colorado – e suas esposas – em um projeto-piloto de recolocação no mercado em outubro de 2012. Dois meses depois de os 12 primeiros participantes terem concluído o programa de quatro semanas, 2 deles já haviam encontrado novos empregos. Dennis credita ao Método Birkman o sucesso do curso: um workshop de 40 horas que começa com a avaliação Birkman e chega até a ensinar a redigir o currículo e técnicas de entrevista, entre outros fatores importantes em um processo de seleção.

Um dos participantes, um veterano na casa dos 40 anos, aposentara-se após servir por mais de 20 anos, e era especialista em línguas e em inteligência militar. Não foi surpresa que o resultado de sua avaliação mostrasse que ele tinha alto Interesse em Literatura, assim como pontos fortes em Persuasão e Mecânica. Como costuma ser típica entre os militares, sua pontuação de Comportamento Habitual foi alta em Estrutura, e ele é um sólido Vermelho. Seu novo emprego foi uma posição no governo federal, atuando na base da Força Aérea no Colorado. Ele contou a Dennis que a Birkman lhe deu "ótimas visões" durante o processo de procura de emprego e que esperava continuar se referindo ao resultado da avaliação ao longo de sua nova carreira.

O padrão "divertimento e trabalho"

Betsy Cole, PhD, de Waltham (Massachusetts), sabe como pode ser difícil conseguir uma segunda etapa de carreira. Ela ajuda principalmente mulheres a descobrir como pode ser a próxima fase de sua vida profissional e como torná-la mais recompensadora do que a anterior. Para isso, combina o Método Birkman a outros exercícios, fazendo com que as pessoas vejam seus talentos únicos "e o trabalho que nasceram para realizar".

Betsy gosta de conversar com as pessoas sobre suas histórias de carreira e descobrir temas e padrões que possam levar a uma nova etapa de plenitude e sucesso. "O trabalho é a expressão de um padrão, especialmente na segunda metade da vida. Pode ser que a pessoa nem tenha um novo emprego, mas estará realizando coisas para se divertir. Isso é uma expressão de quem ela é", avalia a consultora.

Uma profissional com 55 anos e 3 filhos já criados estava começando a se sentir presa em seu emprego em uma companhia farmacêutica. Ela descrevia sua função como sendo "a salvadora" de seu chefe. Trabalhava nos bastidores para ajudá-lo a brilhar, mas a pergunta que a incomodava era: "Qual é o *meu* propósito de vida?"

O resultado de sua avaliação Birkman mostrou que ela era uma Azul forte, alguém que gostava de mergulhar fundo em planejamento e estratégias de longo prazo, sem assumir um papel na administração do dia a dia. Seu perfil também indicava habilidades para gestão do conhecimento e consultoria. Usando a Birkman e outras ferramentas, ela descobriu que gostaria de deixar sua posição operacional para passar a ocupar uma função que exigisse formação científica para ajudar a descobrir novas drogas. Nunca havia tentado ir atrás do que gostava de fazer, em parte, porque isso não estava ainda claro. Com o *coaching*, começou a conversar mais na empresa sobre suas necessidades e sobre que posição poderia estar à disposição dela. Agora, era capaz de fazer demandas específicas, falar com seus superiores sobre o que estava buscando e engajar seus mentores na discussão. Ao longo do tempo, recebeu uma proposta de promoção, tornando-se líder por seus próprios méritos, mas continuou a buscar melhores oportunidades. Ela está se aproximando do sonho de se tornar uma líder estratégica, ajudando a identificar pesquisas científicas promissoras, que possam fomentar o desenvolvimento de novas drogas cruciais.

Aposentar ou se reinventar?

Bob Brewer realizou *coaching* para uma profissional que estava deixando para trás uma carreira como contadora sênior. "Ela me disse 'Estou com 50 anos e não sei se devo continuar como contadora', enquanto enfrentava uma crise de meia-idade e lutava contra o tédio", descreve Bob.

Ela lhe contou que sempre quisera ser bibliotecária, mas que seu pai a alertara quando era jovem de que a melhor maneira para as garotas ganharem dinheiro era fazendo contabilidade. Quando Bob e sua cliente analisaram juntos o resultado da avaliação Birkman, não foi surpresa que sua pontuação em Interesse em Literatura tenha sido 90. "Se você pontua em 90 e acima, é uma paixão, e é melhor se envolver com esse Interesse de alguma forma", avalia o consultor.

Depois de muito refletir e receber conselhos de que "era muito boa como contadora", a profissional decidiu mudar de emprego ou se aposentar precocemente. Sendo assim, o consultor recomendou que ela fizesse uma pequena mudança, mas importante: ser voluntária em uma biblioteca. Ela aceitou a sugestão e, após atender a suas reais necessidades, sentiu-se tão contente que foi capaz de continuar na carreira.

Um teólogo norte-americano, que trabalhou no exterior por 39 anos, ainda não estava pronto para se aposentar, mas em 2012 começou a planejar seu retorno aos Estados Unidos. Com 68 anos, Trent Hyatt e sua esposa, Vivian, estavam se preparando para começar uma nova fase de vida e imaginavam como fazer a melhor escolha entre as opções que tinham pela frente. O missionário esteve lecionando História, Teologia e a Bíblia no Leste Europeu e na Rússia. Quando estava trabalhando em Budapeste, ele e sua equipe fizeram avaliações Birkman com o consultor Cy Farmer, da Alemanha. Trent teve uma inesperada pontuação alta em música. Ele disse que sempre deixava música tocando em seu escritório, mas que nunca ficava focado nisso. Agora estava estimulado a explorar o que essa descoberta poderia significar no contexto de seus planos futuros.

"Sou bastante apaixonado por música clássica. Mas isso é um hobby ou apenas um dos meus amores. Eu também amo a natureza, as montanhas, o oceano e assim por diante. Sou PhD em Teologia Sistemática e sou um professor. E adoro dar aulas. Então, jamais me ocorreu que a música pudesse me aparecer com um grande valor. O estranho para mim foi que todo mundo, *todo mundo* da equipe, disse: 'Claro! Nós já sabíamos disso'", conta Trent.

Ele afirmou que a avaliação o ajudou a perceber "e aceitar" que para experimentar a vida com equilíbrio e prazer, ele precisava de música – muita música. "Saber disso, de alguma maneira, me libertou para desfrutar dessa linda paixão sem me sentir culpado em relação a isso. Isso é parte de mim, parte do que me faz ser eu mesmo", sintetiza.

O Método Birkman ajudou a conduzi-lo à ideia de que a próxima casa que compartilhará com sua esposa deve estar em uma área em que a música, concertos e a educação musical possam se tornar parte substancial da vida diária deles.

Epílogo

As pessoas mudam?

As pessoas mudam? Essa é uma boa pergunta e costuma ser feita com frequência aos consultores da Birkman. Muitas pessoas querem fazer a avaliação Birkman mais de uma vez porque consideram que suas pontuações podem ter mudado ao longo dos anos. Em geral, respondemos a elas que isso não é realmente necessário. A Birkman é uma avaliação robusta que tende a se manter estatisticamente confiável, embora sigamos monitorando esses resultados.

Nossos Interesses surgem precocemente e, com frequência, mantêm-se consistentes ao longo da vida. As Necessidades são parte central de nossa personalidade e também tendem a se manter as mesmas, mesmo quando parece que mudamos com o passar do tempo. O que importa é que mudamos o que *podemos* mudar e o que podemos mudar é nossa consciência. Quando se trata de comportamentos sociais, temos uma capacidade incrível de determinar, decidir, adaptar, desenvolver e, em grande extensão, escolher nossos comportamentos. Com a consciência intensificada, podemos exercer um controle significativo sobre nossa personalidade em interações sociais. É por essa razão que vemos alguém que consideramos quieto e reservado em determinadas situações revelar-se surpreendentemente extrovertido ou mesmo uma pessoa que parece arrogante e não consegue aprender a ouvir.

Na linguagem Birkman, nós podemos *conscientemente modificar como escolhemos* nos "apresentar" quando nos relacionamos com os outros. Podemos mudar e adaptar nossos comportamentos diários (Usuais), embora a essência, a parte mais interna (nossas Necessidades e Interesses) não mude muito ao longo do tempo. Tendo consciência, podemos adotar comportamentos mais eficientes em nosso ambiente pessoal ou profissional. As revelações da avaliação Birkman sobre seus Interesses, Necessidades e Comportamento Habituais podem ser vitais para ajudar você a conquistar a realização de seus objetivos, além de lhe mostrarem como minimizar seus comportamentos negativos em situações de Estresse. É por isso que a Birkman International ama o que faz. Como você viu nos exemplos dados ao longo desse livro, quando compreendemos melhor a nós mesmos e aos outros, podemos fazer mudanças positivas. Por essa perspectiva de grande compaixão e compreensão, nós acreditamos que as pessoas mudam – e para melhor.

O que não podemos mudar – e jamais devemos querer mudar – é a essência do que somos. É fácil ver isso na natureza, por exemplo, quando pensamos em uma árvore. Um carvalho será sempre um carvalho. Não importa quanto treinamento ou avaliações possam ser feitas, a morfologia de um carvalho não se transformará na de um pinheiro. E, não importa quanto sua aparência possa mudar, a sua "carvalhice" básica continuará a mesma. Da semente até a árvore madura, o carvalho terá para sempre o DNA de um carvalho, porque é dessa forma que ele deve existir.

Uma mensagem essencial do Método Birkman é que todos nós temos traços de personalidade e interesses valiosos para nossa família, equipe, organização e para a sociedade como um todo. Nós encorajamos todos a aceitar sua combinação de características e cuidar para que suas próprias Necessidades interpessoais e Interesses sejam atendidos. O que a Birkman mensura com exclusividade são essas poderosas Necessidades essenciais – a parte de nós que os outros não veem facilmente, mas que integram a essência do que somos. Essas Necessidades, que nós chamamos de Componentes, funcionam como o complexo sistema de raízes de um carvalho, que sustenta, nutre e reabastece a árvore. Fazer com que nossas Necessidades interpessoais sejam atendidas pode parecer fácil. Mas nós sabemos que fácil é entrar nos comportamentos de Estresse – o inevitável outro lado da moeda de nossos pontos fortes. Quando se trata de ver nossa personalidade, a avaliação Birkman funciona como um espelho, possibilitando que enxerguemos aquelas partes de nós mesmos que não conseguimos ter consciência sozinhos.

Portanto, estamos de volta à pergunta se as pessoas mudam, ou não. Bem, sim, mudam. Mesmo que nossa essência não mude, podemos verificar importantes mudanças comportamentais acontecendo quando a pessoa passa a fazer escolhas melhores porque vê os outros e a si mesma de maneira diferente. Com escolhas melhores, nos tornamos emocionalmente mais inteligentes com um tipo de autoconsciência que nos possibilita um autogerenciamento mais adequado. Quando nos conhecemos e conseguimos entender e apreciar os outros, nós desabrochamos. Vai parecer que você mudou? Absolutamente!

Os relacionamentos constroem e destroem empresas e ninguém atinge o sucesso sozinho ou deslancha no isolamento. A liderança também é importante porque, na realidade, cada um de nós é um líder, seja de uma grande organização, de uma pequena equipe, de uma família ou, mais importante, de nós – somos líderes de nós mesmos. Buscamos uma maneira de interagir diariamente com todos que entram em contato conosco.

A Birkman International está grata por ter estudado e trabalhado com tantas pessoas ao longo de seis décadas e continuará a fazer isso porque vemos a mudança e o crescimento quando elas passam a ver em si mesmas e nos outros sob uma perspectiva sem julgamentos, generosa, gentil e objetiva. Com autoconsciência, você passa a conhecer seus pontos fortes, ver seu valor e aprender como conquistar conforto e plenitude sendo exatamente quem você realmente é!

Entrevistados

Stephanie Capparell entrevistou as seguintes pessoas em rodadas de conversas e trocas de e-mails entre outubro de 2010 e janeiro de 2013:

AL-KARIM NATHOO, diretor associado dos Hotéis 4C, em Londres, Inglaterra

AMELIA JEFFERS, presidente e coproprietária da Casa de Leilões Garth, em Delaware, Ohio

ANNE MORRISS, fundadora e gerente de Gestão do Conhecimento no Concire Leadership Institute, em Cambridge, Massachusetts

BARBARA ROBINSON, diretora da Robinson & Associates, em Washington, DC

BAYLEY KESSLER, presidente executiva da Joailliere Designs, em Lacey, Washington

BEROZ FERRELL, sócia na The Point, em Kent, Washington

BETSY COLE, PhD, diretora da Cole Coaching and Consulting, em Waltham, Massachusetts

BOB BOLLING, consultor sênior da Birkman na Personality Coach, em Houston, Texas

BOB BREWER, PhD, consultor sênior certificado da Birkman, no Leadership and Teamwork Institute, em Oxford, Mississippi

CARLEEN E BOB WOODS, participantes do Workshop de Casais Birkman Discovery, em Houston, Texas

CELIA CROSSLEY, parceira em gestão na Crosworks/Celia D. Crossley & Assoc., em Columbus, Ohio

CLAIRE CARRISON, presidente da Millvale, em Camden, Carolina do Sul e em Cuernavaca, México

CONNIE CHARLES, presidente executiva na Strategic Solutions International, em Newark, Delaware

CY FARMER, representante internacional da Cru, em Kandern, Alemanha

D. TRENT HYATT, PhD, diretor do Instituto de Estudos Bíblicos e Teológicos de Budaörs, na Hungria

DANA SCANNELL, PhD, presidente da Scannell & Wight, em Newport Beach, Califórnia

DAVE AGENA, fundador e presidente da P.A.S.S. Coaching, em Laguna Niguel, Califórnia

DENNIS M. ORR, presidente executivo da Colorow Consulting, em Golden, Colorado

DOUG LEONARD, diretor de serviços de consultoria na Strategic Solutions International, em Pittsburgh, Pensilvânia

ERVIS DUARDO PEREZ, doutor em Medicina, participante do Workshop de Casais Birkman Discovery, em Milton, Ontário, Canadá

ESTHER S. POWERS, PhD, presidente executiva da E. Powers & Associates, em Atlanta, Geórgia

HOLLY DUNNING, gerente interina de Desenvolvimento de Talentos na Heifer International, em Little Rock, Arkansas

IAN WHITFIELD, cofundador da Right Foot Green, em Calgary, Alberta, Canadá

JAN BRANDENBARG, consultor da Birkman na Ambt Delden, Holanda

Entrevistados

Janice Bergstresser, *coach* e consultora executiva da Take Charge, em Coatesville, Pensilvânia

Jeffrey P. Haggquist, médico osteopata da QuistMD, em Washington, DC

Jenny Capella, consultora Birkman e sócia-proprietária do Grupo Capella, em Seattle, Washington

Joanne Rivard, vice-presidente de Recursos Humanos da IPEX Management, em Mississauga, Ontário

John B. Lazar, presidente da John B. Lazar & Associates, em Forest Park, Illinois

Jonathan Michael, diretor da Foresight Leadership Solutions, em Vancouver, Canadá

Karen Armstrong, vice-presidente em Diversidade e Desenvolvimento de Lideranças na Tyson Foods Inc., em Springdale, Arkansas

Karyl White, advogada do setor de energia e participante do Workshop de Casais Birkman Discovery, em Houston, Texas

Lisa Hart, consultora em Recursos Humanos no Grupo ISHR, em Boston, Massachusetts

Mark Hadley, gerente da Soli Deo Gloria House, em Houston, Texas

Mary Ruth Burton, presidente da Burton-Fuller Management, em Richmond, Virgínia

Michael Corrao, presidente da CD One Price Cleaners, em Westchester, Illinois

Nancy Thompson, gerente de Recursos Humanos e Eficiência Organizacional na Procter & Gamble, em Cincinnati, Ohio

Patricia A. Russell, presidente do Grupo Russell Consulting, em Park City, Utah

Patti Corbett Hansen, consultora Birkman, em Houston, Texas

Peter Capodice, consultor sênior certificado da Birkman e presidente da Capodice & Associates Predictive Performance Executive Search, em Sarasota, Flórida

Philippe Jeanjean, diretor de Desenvolvimento e Tecnologia da Boston Global, em Boston, Massachusetts

Phillip Weiss, diretor da P.A. Weiss, em Houston, Texas

Randi Gregoire, consultora Birkman, em Orlando, Flórida

Richard Rardin, presidente da BenchStrength Development LLC, em Sandy Hook, Connecticut

Robert Hudson, presidente da M&H Marketing, em Louisville, Kentucky

Roger Birkman, PhD, criador da ferramenta de avaliação Birkman, fundador da Birkman International Inc., primeiro entrevistado na sede da empresa em Houston, Texas (8 de outubro de 2010)

Ron Baker, consultor sênior da Birkman, na Assembleia Pentecostal do Canadá, Distrito Oeste de Ontário, Burlington, Ontário, Canadá

Scott Conner, vice-presidente sênior em prontidão da Cruz Vermelha dos Estados Unidos, em Naples, Flórida

Shelley Hammell, presidente da Sage Alliance, em Atlanta, Geórgia

Sonya Shields, vice-presidente executiva nacional e consultora independente da Arbonne, em DeWinton, Canadá

Stacey Mason, proprietária da Mason On Leadership, em Bentonville, Arkansas

Stacy L. Sollenberger, sócia e *coach* de executivos no Grupo ISHR, em Atlanta, Geórgia

Entrevistados

Stephan Altena, PhD, parte do Grupo ISHR, em Munique, Alemanha

Steve Cornwell, presidente do Responsibility Centered Leadership, em Atlanta, Geórgia

Steven Foster, gerente regional na Redefine Hotel Management, em Londres, Inglaterra

Suzanne A. Davis, participante em um grupo matrimonial na Igreja Metodista de St. Luke, em Houston, Texas

Tamara Pina Riverón, participante do Workshop de Casais Birkman Discovery, em Milton, Ontário, Canadá

Tasneem Virani, diretora da Claris Coaching, em Londres, Inglaterra

Todd A. Uterstaedt, presidente e diretor de operações na Baker & Daboll, em Cincinnati, Ohio

Tommie Dorsett, diretor executivo da Innerchange Freedom Initiative, em Richmond, Texas

Tony Palmer, diretor da Stanton Chase International, em Atlanta, Geórgia

Tony Swift, diretor-geral de Recursos Humanos da Hyundai Motor Company, em Sidney, Austrália

Ulanda Terry, diretora de Diversidade e Desenvolvimento de Lideranças na Tyson Foods, em Springdale, Arkansas

Wendy Andreen, PhD, consultora sênior certificada da Birkman, em Houston, Texas

Wilson Wong, presidente e CEO da Wilson Wong & Associates, em Alpharetta, Geórgia

Sobre a Birkman International

A Birkman International é uma editora de serviços de avaliação on-line com foco no desenvolvimento e distribuição de testes cientificamente estruturados com confiabilidade, integridade e validade consistentes. Desde 1951, os serviços da Birkman têm sido utilizados por milhares de organizações, milhares de consultores profissionais e por milhões de pessoas em todo o mundo. Essa comunidade global aplica o Birkman para desenvolver lideranças melhores, promover o trabalho em grupo mais eficiente, buscar carreiras mais significativas, aprimorar a contratação e aumentar o nível de desempenho e bem-estar de pessoas, equipes e organizações.

Método Birkman®

É uma avaliação de comportamento, motivação e preferência ocupacional com mais de 30 relatórios, que são gerados para facilitar o *coaching*, o desenvolvimento de lideranças, a formação de equipes, o aconselhamento de carreira, a recolocação profissional, processo de seleção e gerenciamento de conflitos.

Pesquisa Birkman 360º

Uma pesquisa com multiavaliadores sobre nove comportamentos de liderança que pode ser utilizada sozinha ou em conjunto com o Método Birkman. O resultado oferece um alicerce para o *coaching* individual por identificar oportunidades de desenvolvimento.

Inventário de Habilidades Birkman

Avaliação geral de raciocínio para mensurar a habilidade de identificação e solução de problemas. Os resultados são utilizados principalmente em processos de seleção e contratação.

Serviços de Consultoria

Uma rede global de consultores independentes certificados está disponível para lhe oferecer os serviços Birkman. Entre em contato conosco (info@birkman.com) para encontrar o profissional qualificado mais próximo de você.

O objetivo da Birkman International é desenvolver avaliações consistentes e confiáveis que possam ser aplicadas para contratar melhor, estimular a formação de líderes mais eficientes, melhorar equipes de trabalho, alcançar carreiras mais realizadoras e gerar altos níveis de desempenho e bem-estar individual e do grupo. Para mais informações, por favor, contate sales@birkman.com ou ligue para 1-800-215-2760.

Este livro foi impresso pela gráfica BMF em papel Pólen Bold 70g.
